信息时代图书馆发展与
文献建设工作

李豫诚 罗 琳 著

电子科技大学出版社
University of Electronic Science and Technology of China Press

·成都·

图书在版编目（CIP）数据

信息时代图书馆发展与文献建设工作 / 李豫诚，罗琳著. -- 成都：电子科技大学出版社，2021.1（2021.9重印）
ISBN 978-7-5647-8378-5

Ⅰ.①信… Ⅱ.①李… ②罗… Ⅲ.①图书馆发展－研究－中国②文献工作－研究－中国 Ⅳ.①G259.2 ②G256

中国版本图书馆 CIP 数据核字（2020）第 198155 号

信息时代图书馆发展与文献建设工作
XINXI SHIDAI TUSHUGUAN FAZHAN YU WENXIAN JIANSHE GONGZUO

李豫诚　罗　琳　著

策划编辑　杨仪玮
责任编辑　杨仪玮

出版发行	电子科技大学出版社
	成都市一环路东一段 159 号电子信息产业大厦九楼　邮编 610051
主　页	www.uestcp.com.cn
服务电话	028-83203399
邮购电话	028-83201495
印　刷	三河市华晨印务有限公司
成品尺寸	170mm×240mm
印　张	12.75
字　数	226 千字
版　次	2021 年 1 月第 1 版
印　次	2021 年 9 月第 2 次印刷
书　号	ISBN 978-7-5647-8378-5
定　价	69.80 元

版权所有，侵权必究

前　言

随着经济改革的持续深入，我国综合国力得到极大提高，党和国家把以图书馆为重心的社会公共文化服务体系建设提升到重要位置。新时期，要加强社会主义公共文化服务体系建设，保障公民的基本文化权益，坚持社会主义和谐社会的文化发展方向。随着信息时代的发展，信息已经成为政府、企业、科研单位的发展砝码，谁拥有可利用的信息资源，谁就有可能在发展过程中占得有利位置。信息就是财富，这已不再是虚言。而图书馆作为一个专门搜集、整理、保存、传播文献信息资源的公益服务性机构，一个重要的知识信息集散地，有责任为国家建设中的科学、文化、教育和科研工作提供更高层次的服务，满足人们的信息需求。

在21世纪第二个十年即将结束之际，观察现代图书馆管理发展状况，会发现在科技快速发展、信息日益膨胀的今天，图书馆管理正在发生翻天覆地的变化。一方面，科技发展对图书馆的影响日益加深，计算机和网络技术的普及，使社会网络化、信息化得到推进，图书馆的现代化管理技术支撑已经齐备；另一方面，与图书馆管理发展有密切关系的各种基础学科快速发展，并与其他学科交叉，使图书馆管理发展的理论基础得到加强，现代图书馆的管理水平获得提高。因此，图书馆在继续加强馆藏资源建设，完善服务设施的基础上，以先进的科技手段和管理思想为依托，在新世纪迅速蓬勃发展。

笔者以"信息时代图书馆发展与文献建设工作"为主题，从图书馆相关理论角度切入，对我国图书馆现状、地方文献建设理论、地方文献的搜集工作、地方文献的整理工作、信息时代我国图书馆的发展趋势进行了详尽论述。

本书有两大特色：一是理论联系实际，全面地对信息时代图书馆发展与文献建设工作进行分析和解读，从多个方面和角度结合实际状况做出相关阐述，重视理论联系实际；二是语言通俗易懂，内容结构明晰，没有使用生僻的专业理论词汇和晦涩难懂的语句。

本书在撰写过程中，得到专家和同仁的指导和帮助，在此一并表示感谢。由于笔者水平有限，时间仓促，疏漏之处在所难免，敬请各位读者批评指正，以便在日后修改完善。

作　者
2020 年 7 月

目　录

第一章　信息时代图书馆概述 /1

第一节　图书馆的概念及其构成 /5
第二节　图书馆的起源及发展 /11
第三节　图书馆的社会职能 /17
第四节　现代图书馆的类型 /23
第五节　信息的发展规律与图书馆信息化建设的重要性 /30
第六节　现代图书馆信息化建设相关技术 /39

第二章　我国图书馆现状分析 /47

第一节　图书馆建设事业发展及其现代化 /51
第二节　图书馆现代建设取得历史突破 /62
第三节　文献资源获得较大发展 /65
第四节　图书馆法制建设和业务规范初见成效 /72
第五节　文献信息服务出现新面貌 /74

第三章　我国图书馆地方文献建设理论研究 /77

第一节　图书馆与文献信息交流 /81
第二节　地方文献的概念与特征 /83
第三节　地方文献的类型与作用 /89
第四节　地方文献与其他文献的关系 /95

1

第四章　我国图书馆地方文献的搜集工作 /99

第一节　地方文献搜集的意义与范围 /103
第二节　地方文献搜集的原则与内容 /113
第三节　地方文献的搜集途径 /120
第四节　地方文献搜集的问题与对策 /122

第五章　我国图书馆地方文献的整理工作 /127

第一节　地方文献分类 /131
第二节　地方文献编目 /143
第三节　地方文献的典藏 /150

第六章　信息时代我国图书馆的发展趋势 /153

第一节　我国图书馆未来发展趋势 /157
第二节　我国未来图书馆的发展方向——数字图书馆 /163
第三节　传统图书馆与数字图书馆 /170
第四节　中国图书馆的发展呈多维状态 /184
第五节　数字化图书馆的元数据体系 /186

参考文献 /194

第一章 信息时代图书馆概述

随着电子计算机和互联网的发展，人类社会步入信息化时代，全球教育思想也处在不断变化中。如今，为了适应当前科学技术的发展和进步，高校图书馆进行了很大改变，其功能也从单一走向了多元化。例如，高校图书馆不仅能为读者提供咨询服务，还能够给读者提供一个用于学习和交流的场所。本章重点讲述图书馆的概念及其构成、发展、社会职能以及现代图书馆的类型。

第一节　图书馆的概念及其构成

一、图书馆的概念

多年来，关于什么是图书馆、图书馆到底该如何定义，一直是研究图书馆的学者所热衷的问题之一。由于世界各国的图书馆及其发展程度不同，人们认识图书馆的角度也不同，两百年来对于图书馆定义的争论至今没有一个得到公认。因此，我们可以通过比较近现代具有代表性的权威学者对图书馆的定义，来了解图书馆定义的发展。

世界上第一个提出图书馆定义的人是德国人，他认为图书馆是将收集的相当数量的图书加以整理，根据求知者的各种要求，不费时间地提供给他们的机构。自这个定义提出以来，曾先后有众多学者纷纷提出自己的观点。其中，比较著名的观点有：图书馆是一种教育工具，能够将所有教学工具汇集起来进行知识的传播，在人们意识中移植历史记忆。如今，图书馆不仅是保存图书的地方，更是一种社会工具，能够将几乎所有的文化和社会信息联系起来。此外，图书馆还能够将客观精神传递给读者，是进行思想教育和交流科学情报的机构；图书馆中的文字资料适用于大部分人，因为这些资料是经过专业人员整理和编排过的。人们将各种收集到的资料存放于图书馆中，并进行加工和整理，以便在需要的时候可以直接拿出来使用。可以说，图书馆保存和记录了各种知识，为人们学习和了解更丰富的知识提供了平台。

回首我国图书馆的发展历史，会发现"图书馆"一词最早于1894年见于《教育世界》第62期[1]。但对"图书馆"一词给予定义是在20世纪30年代以后，其

---

[1] 张晓芳. 公共图书馆概念的法律界定及其特点分析[J]. 图书馆，2018(1)：2-5.

中有一些学者的观点比较有代表性：有人认为，图书馆记载了人类的所有活动和思想，其使用方法是最经济、科学的，方便人们使用；有人认为，图书馆只对有益的图书进行收集，人们可以自由使用，满足自身的知识需求；还有人认为，图书馆是一个文化教育机构，是保管和整理各种书刊的地方，可以为政治、经济、文化等方面提供服务。

除了各国学者对图书馆的定义之外，百科全书、词典等也对"图书馆"这个在现代生活中越来越频繁出现的词条给出了定义。《中国大百科全书》中是这样阐述的：收集、整理和保存文献资料并向读者提供利用的科学、文化、教育机构；《苏联百科词典》将其解释为：收集、收藏出版物以供公共使用的文化机构；《不列颠大百科全书》第15版指出："图书馆"一词指的是为阅读、研究和参考目的而收集的一批书；《法国大百科全书》1972年版指出：图书馆是按一定顺序将各种文献归类收藏起来的场所；中国国家标准GB4894—85规定：图书馆、资料馆、文献馆是指将收藏文献进行管理，使之便于读者利用的一个部门；《辞海》中是这样定义图书馆的：收集、整理、收藏和流通图书资料，以供读者进行学习和参考研究的文化机构；《图书情报词典》中的描述为：通过文献搜集、整理、存储、利用，为一定社会读者服务的文化、科学与教育机构；《社会科学大词典》的定义：图书馆是收集、整理、保管、传递文献信息载体的社会组织。

进入21世纪以后，随着科技的发展和计算机的普及，关于图书馆的定义又引起国内研究图书馆学者的热议。2001年有学者提出新的见解：图书馆是为资讯建立检索点并为使用者提供服务的机构。根据时代变化可以对图书馆重新定义：图书馆是通过人工或计算机、网络，对实体或虚拟的信息、知识进行收集、积聚、组织、整理、存储、选择、控制、转化、传播并建立检索点，供读者检索、利用的信息空间或物理场所，或虚实结合的复合体。

从以上观点可以看出，众多学者对图书馆的定义都是从图书馆的作用、功能、活动对象、目的以及性质等方面入手对图书馆进行定义的，这种对图书馆定义的方式符合当时图书馆的现状及未来发展趋势。但是在信息时代，计算机的普及使图书馆的形态正在发生变化，原来以一个实体形态出现在公众面前，即固定的、提供服务的场所开始逐渐变成网络中的虚拟空间，原来多以纸版信息为主的文献载体向着数字化方向发展。但这些外在形态的变化并没有改变图书馆的本质。所以，图书馆是以文献信息为活动对象，将之收集、整理、加工后提供给有需求的人的社会机构。

二、图书馆的构成

构成要素是结构的基本构件，换言之，没有要素就不可能有结构。对于图书馆来说，构成要素是形成图书馆的基本构件。由于人们在不断深入研究图书馆的构成要素，所以图书馆的构成要素也经过了多个阶段的认识和表述过程。

1929年，《武昌文华图书馆学校季刊》第1卷第3期中提出"三要素说"，认为图书馆的构成要素为书籍、馆员与读者。1932年，《图书馆管理法上之新观点》一文提出图书馆的三要素为书、人和法，其内容区别于"三要素说"的观点。其中，书指图与书等一切文化记载，人指读者，法指设备、管理方法与管理人才。1934年，《图书馆学要旨》提出图书馆的4个要素，即图书、人员、方法和设备。1957年，《中国科学院图书馆通讯》第10期中的《什么是图书馆学》一文提出图书馆有5个要素，即读者、图书、领导和干部、工作方法、建筑和设备。1985年，《图书馆学概论》一书中提出图书馆的构成有藏书、读者、干部、技术方法、建筑设备等要素。1988年，《图书馆学导论》一书中提出：图书馆应由藏书、人（馆）员、读者、建筑和设备、技术方法、管理6个要素构成[1]。

从上述各个时期图书馆理论界有关图书馆构成要素的种种提法，可以看出图书馆构成要素的说法也是在逐渐发展的，这主要是由于任何事物都处在不断运动和变化之中，作为反映客观事物的各种理论或学说也必然会随之发生相应的变化，使这种理论得到不断修正和完善，不断丰富和发展。在信息爆炸的当今社会，构成图书馆的基本要素有以下四点。

（一）文献信息资源

"文献"（document）一词最早见于《论语·八佾》。南宋朱熹《四书章句集注》认为："文，典籍也；献，贤也。"在这一时期，典籍文章就是"文"，先贤的言论和见闻以及他们的自身经历与熟知的礼仪就是"献"。到了现代，文献指的是文字、图形、视频等一切记录知识的载体。GB/T4894—1985将文献定义为记录知识的一切载体，也可以理解为古今一切社会史料的总称。文献是记录、积累、

---

[1] 于瑛. 现代图书馆管理体系研究 [M]. 哈尔滨：东北林业大学出版社，2016.

传播和继承知识的最有效手段，是人类在社会活动中获取情报的最基本、最主要的来源，也是交流传播情报的最基本手段。正因为如此，人们把文献作为图书馆赖以存在和开展工作的物质基础。

图书馆虽然是因图书而得名，而且传统图书馆的馆藏文献信息资源也确实以藏书为主，但随着文献信息资源的发展，图书馆文献信息资源的存在形式也大不一样。当前，图书馆对文献信息资源的分类方式主要有以下几种。

（1）按文献载体类型或形式，可以将其分为印刷型、缩微型、机读型和声像型。从古至今，人类发明创造了很多材料贮存知识，再将知识传播出去。古代记录知识的材料主要是甲骨、竹简、兽皮等。之后，人类发明了造纸术和印刷术，并开始主要以纸记录和保存知识。现代社会，人类又发明了存取技术和信息记录技术，有了光盘、磁盘等更加多元化的文献载体，这些载体让文献不再仅仅只能记录在纸上，扩大文献载体的范围，使文献不仅在生产速度上有了提升，传播速度也更快，方便知识的贮存和利用。

在上述所有形式中，印刷型是使用最普遍的文献形式，主要包括铅印、胶印等，阅读起来非常方便。此外，载体为感光材料就是缩微型文献。缩微型文献主要分为两种：一种是缩微平片，另一种是缩微胶卷。这种类型的文件体积小，方便移动和保存，但是需要使用阅读器进行阅读。最新的载体是计算机阅读型，即机读型，人们通过编码将文献输入并存储在计算机中，阅读时由计算机输出。计算机可以将大量的情报储存于其中，并且在需要的时候能够快速提取，电子图书属于机读型。此外，还有一种形式是声像型，这种文献是将声音或者图像记录在载体上，如电影、录像带、幻灯片等。

（2）按不同出版形式及内容，可以将其分为图书、连续出版物、特种文献。图书是页数在48页以上，且能够形成一个书目单元的载体；连续出版物主要包括年度出版物、报纸、期刊等；特种文献则主要包括档案资料、特种出版物、专刊文献等。

（3）按文献内容、性质和加工情况，可将文献区分为一次文献、二次文献、三次文献。一次文献指以作者本人的研究成果为依据而创作的原始文献，如期刊论文、研究报告、专利说明书、会议论文等。通过整理和加工一次文献产生的文摘、索引等就是二次文献。在一次文献和二次文献基础上，进一步研究、分析得到的文献是三次文献，如百科全书、指南等。

虽然文献信息资源可以根据不同的分类标准进行区分，但总的来讲，图书馆所拥有的文献信息资源所涵盖的知识和信息内容必须具有可反复使用性，即可以供有需求的人同时或先后、不分地域地反复使用、共享，且不论其在传递过程中经过多少次复制、转录、缩微、数字化等手段，仍然要保持其原有的内容，从而开放地提供给读者，满足他们的需要。

（二）读者的信息需求

从前面提到的传统图书馆构成要素来看，"读者"一直是图书馆构成要素而且是主要构成要素之一。但是，近些年一些图书馆研究者认为，读者只是图书馆的服务对象，并不是图书馆本身所包含的东西，是存在于图书馆之外的事物，因此不应该再将其列入图书馆的构成要素。一方面，从需要与被需要的关系看，读者是需要者，图书馆是被需要者，两者是对等关系，在内涵上不存在互容关系；另一方面，从服务与被服务的关系看，图书馆是服务者，读者是被服务者，两者是对立关系，在内涵上也不存在互容关系；再一方面，从依赖关系来看，图书馆依赖读者而存在，两者是依赖与被依赖的关系，内涵上同样不存在互容关系。

然而，只是单纯地将读者作为图书馆的构成要素之一，表达得不够贴切，只是揭示了一种层面上的关系。因为追溯图书馆产生发展的历史渊源，不难发现，是人类社会的信息需求推动了图书馆的产生与发展，正是有了人类社会对信息的多种需求，才孕育出图书馆这一社会性服务机构。没有了人类社会的信息需求，也就不会产生图书馆，而只是单纯的图书收藏。所以，从某种意义上讲，是人类社会的信息需求决定图书馆的兴衰存亡。对于图书馆而言，只有顺应人类信息需求，并随之动态地发展，才能够生存下去并获得发展。因此，与其说读者是图书馆的构成要素之一，不如说是读者的信息需求才是图书馆的构成要素。

（三）馆员

图书馆的工作人员一般被称作"馆员"，是向读者提供服务的工作人员，是图书馆构成要素中的核心组成部分。馆员主要包括行政管理人员、专业技术人员。其中，行政管理人员负责馆内的日常管理工作和后勤保障工作；专业技术人员包括采编、阅览、流通、信息咨询、技术服务等服务人员，负责直接接待读者，满足读者对信息的各种要求。

总体来讲，馆员的作用是在文献信息与读者需求之间搭建一座桥梁，起到纽带的作用。一方面，馆员根据自身对文献信息知识整合的专业技巧，向读者推荐文献信息资源；另一方面，根据读者对文献信息的需求和选择，将读者需求的信息呈现到读者面前，满足其需求。馆员和读者之间是相互依存、相互促进，二者关系的好坏体现图书馆机制的运作效率和服务水平的高低。

目前，知识的普及性使自然学科和社会学科的发展日趋细致，同时又向深度发展，专业性越来越强，使得文献信息的提供面临压力，而网络信息的快速发展和普及，又使读者本身获取各种文献信息的渠道在大幅度扩展，这些压力使得馆员的工作面临着巨大挑战。但是，这种状况并不表明读者已经产生了排斥馆员所提供服务的迹象，而是对馆员的业务水平、服务精神和职业道德修养提出了更高要求。图书馆的工作人员要比以往任何时候都要更具有主动性和创造性，只有这样参加图书馆的运行，才能充分发挥馆员的作用。

（四）文献信息的存储设备

文献信息的存储设备是图书馆构成要素之一。因为不论何种形式的文献信息都依赖于某种具体的设备进行存储。如纸版图书的存储需要馆舍，电子信息的存储需要电子存储设备，这些文献信息的存储设备是随着时代前进而变化和发展的。如果运用得当，不仅会给图书馆的各种功能添辉增彩，而且能大幅度地促进图书馆各种功能的实现。

总之，上述各个要素共同构成图书馆这一整体，并且这些要素既相互依存又相互促进，使图书馆这个在信息时代快速发展、同时又面临挑战的社会机构的功能日益强大，以期满足不同层次的读者和用户对各种信息的需求，促进社会各领域发展。

第二节　图书馆的起源及发展

一、产生图书馆的时间与中西方起源比较

与语言、文字的起源相同，人们很难准确地说出图书馆的起源时间。但是，图书馆起源于史前时代结束之后是共识，主是因为文字记录的收藏开始于有历史记载的时期。当前，可以确定世界上最早的图书馆是美国考古学家彼得斯和希尔普雷希特在伊拉克境内尼普尔的一个寺庙废墟附近发现的。这座图书馆存在于公元前30世纪上半叶，距今已经有近5000年。[1]

我国最早的图书馆起源于公元前2000多年的殷朝，《尚书·多士》记载："惟殷先人，有典有册。"这些典册就是最早的文献。与西方国家的图书馆相比，我国图书馆和西方图书馆的起源，除了时间上的不同之外，还存在一些异同之处。

相同之处在于：首先，我国和西方图书馆都集中出现在自然环境优越的大河区域。四大古国中，西方国家以巴比伦的两河流域、埃及的尼罗河流域为主，东方国家以印度的印度河流域和我国黄河流域为主。其次，图书馆收藏的文献材料载体都源于天然，如泥版、石片、树皮、兽皮、动物骨骼、竹简、陶片等。再次，以收藏为主，兼具图书馆和档案馆的双重功能。早期的图书馆主要以收藏为主，收藏内容多为统治者颁布的法令和具体言行、医学典籍以及与宗教有关事宜的文献。最后，文献生产与收藏共同进行。早期的图书馆管理者担负着多种职能，很多时候他们既从事文献的撰写、抄写、传播、分发，又从事文献的收藏、整理工作。

不同之处在于：首先，我国图书馆多是以官府为收藏主体建立，私人、寺观、

---

[1] 王平，王雨潇. 中国近代图书馆事业的社会起源[J]. 图书馆论坛，2018，38(8)：68-76，16.

书院的收藏规模较小；西方国家是以寺庙收藏为主，然后是政府和个人。商业图书馆更是早期西方国家特有的收藏机构，而我国重农轻商的基本国策，抑制了商业图书馆的发展。其次，我国图书馆长期处于封闭状态，仅供少数人查阅、使用；西方图书馆管理上较为开放自由，可以利用的人群较多。最后，我国图书馆藏书内容单一，多以政令为主，对学术性文献的收藏不够重视；西方国家的图书馆收藏内容丰富，倾向于学术性收藏。

这种中西方图书馆起源上的差异，导致后期中西方图书馆的发展走向不同方向，直到近代社会制度改变、经济发展和科学进步才有所转变，达到趋同的效果。

二、产生图书馆的原因

作为人类文明程度的标志，图书馆是随着人类文明进程的推进而产生和发展起来的，它的出现和发展对人类信息交流，甚至人类发展的历史进程都产生了重大影响。从目前可以考察到的情况看，图书馆产生的主要原因是文字的出现和文献资源的增加。

文字是语言的书写符号系统，是记录语言的书写形式，其发展的最主要目的是保存人类信息。在文字产生之前，人类信息的交流形式主要依靠语言和行为，包括动作、表情等，是一种信息直接交流的形式。但由于这种交流形式受时间和空间限制，不利于间接交流的发展，于是人类开始寻求一种全新的交流方式，文字便这样开始出现在人类文明进化过程中。

文字是一种记录在一定载体上的信息，克服了语言的缺陷，使人类历史脱离了口传身授的阶段，得以用文字记录历史，人类的思想、文化由于文字的出现而不会失传中断。同时，人类透过文字这种高效的信息传播工具，大大提高了文化、思想、艺术、技术等人类文明的传播速度和效率。随着文字表达信息的复杂化，越来越多的事物被记载下来，形成文献资料。为了更好地整理、保存、利用这些资料，人类需要一个专门的场所进行这些活动，最初的图书馆就此应运而生。所以，文献信息的收藏与文字的起源几乎同时产生，图书馆的产生即始于有历史记载的时间。

三、图书馆的发展条件

（一）社会条件

首先，社会生活的丰富使人类记录的文字信息大幅度增加，需要越来越多专业的、复杂的情报系统搜集、整理、保存和利用这些文献，这自然促进了图书馆或档案馆的发展。

随着社会生活持续发展，各种公共性、专业性、学术性的图书馆得到普遍发展，图书馆成为人类文化生活的活动中心。

其次，人类社会开始重视自身文化教育培养，各种专业教育和培训机构大批涌现，于是需要能够支持这种教育系统的信息储备场所。从早期的文化知识只掌握在少数人手里，到现在的知识普及，人类经历了漫长的历史时期，各种初级教育、高等教育事业蓬勃发展，相应地，图书馆也快速发展。从19世纪下半叶开始，世界范围内的图书馆进入一个全新的发展阶段。图书馆由封闭式的管理方式向开放式的管理方式转变，越来越多的人走进图书馆，使图书馆文献资源得到更充分利用。

最后，科学技术的发展，也是图书馆快速发展的条件。科学技术的发展与图书馆的发展密切相关，二者相互促进，相互依托。每一次的科学技术发展都会促进图书馆的发展。如造纸技术的出现，使原来刻于龟甲、兽皮、竹简上的文字得以在更便宜、更易携带和能够书写的材质上记录；印刷技术的出现使文献信息的传播速度加快，图书馆的储备规模大幅度增加；现代计算机的出现更使图书馆经历了有史以来最大的变革，为图书馆的发展提供了全新的发展模式。图书馆的发展为人类提供了更多的信息储备用于发展科学技术，专业性、学术性图书馆的大量发展和存在就是证明。

（二）经济条件

第一，经济条件是图书馆存在和发展的物质基础。早期的图书馆出现在经济条件相对优越的地区，如最早的图书馆就是建在当时经济最发达的区域之一。即使是在现代社会，图书馆的存在和发展与经济状况也息息相关，比如发达国家的图书馆数量比发展中国家要多，其信息存储状况也更好、质量更高。

第二，经济条件的改善满足了人们对物质生活的需求，在此基础上，人们寻求更高的精神满足。图书馆的发展可以帮助人们满足精神需求，因此，人们投入更多的金钱和精力，搜集和整理文献信息以便使用，使得图书馆得到快速发展。

第三，图书馆的发展与一个国家经济制度上的健全和繁荣有直接联系。一个良好的、发达的经济体系要依赖于复杂的记录存储系统对其经济轨迹进行记录，而图书馆是一个经济媒介，它既是商业记录的储存所，也是进一步发展未来技术和商务的研究设施。

（三）政治条件

第一，图书馆的发展需要稳定的环境。在冲突和骚乱年代，图书馆及其藏书经常会成为战争的牺牲品。如凯撒大帝在攻入古埃及时，就放火焚烧了当时世界上最伟大的图书馆，众多珍贵文献付之一炬。可见，和平对于图书馆的发展至关重要。

第二，统治者对文献资源的需求倾向，可以使图书馆朝不同的方向发展，影响图书馆文献资源收藏的方向。西方国家在科技方面的快速发展与其长期重视学术性、科学性的文献资源不无关系。

第三，图书馆的发展需要国家的支持和帮助。国家对图书馆的支持和帮助，主要表现在两个方面。一方面，在法律、政策上对图书馆予以支持、肯定。图书馆真正发展的时代是在工业革命之后，主要归功于掌握政权的资产阶级制定了普及图书馆的法律政策。另一方面，在经济上对图书馆予以物质资助。图书馆从成立之初便离不开国家的支持和帮助。从考古发现的结果来看，早期的图书馆几乎都是皇室图书馆。因为文献资源的搜集、整理需要耗费大量人力和物力，缺乏政府的支持，图书馆会丧失发展的重要保证，这也是为什么图书馆多是政府拨款的社会公益性组织的原因。

四、图书馆的属性

属性指事物本身所固有的性质。对于物质来讲，属性是物质必然的、基本的、不可分离的特性；对于事物来说，属性是事物某个方面质的表现。一定质的事物常表现出多种属性，有本质属性和非本质属性的区别。其中，本质属性指为一种事物所独有，借以同其他事物区分开的属性。因此，一种事物的本质属性只有一个，不可能有两个或更多。当然，一个事物具有多种性质，除了其本质属性以外的所有其他属性会与其他事物性质有所重复，也就是非本质属性。

（一）图书馆的非本质属性

图书馆的非本质属性是图书馆作为一个组织机构所表现出来的一般属性，主要表现在以下几方面。

（1）服务性。图书馆是一个以服务为其特性的公益性组织。虽然其产生之初是仅为少数人提供文献信息资源的机构，但其服务性本质却一直未变。从早期为统治者服务到如今为广大普通民众服务，图书馆一直是一个服务组织，通过满足读者的各种需要，提供各种有偿的和无偿的服务行为，实现图书馆的存在价值。如果缺乏服务性这一属性，图书馆与档案馆毫无区别。

（2）专业技术性。文献资源的搜集、整理从古至今都不是一件简单的事，而保存、收藏、利用这些文献同样也不轻松。因此，在图书馆几千年的发展历程中，人类针对文献信息的一系列信息加工行为进行了认真研究，到目前为止，针对图书馆已经形成多门专业性学科，如图书馆学、图书情报学等。这种专业性学科的发展，增强了图书馆的专业技术性，使读者在利用、使用图书馆及其文献信息资源方面更加容易和便利。

（3）经济上的依附性。文献信息资源的搜集、整理、保存、收藏、利用是一项耗费颇多的事情，因此图书馆的正常运转需要大量金钱。迄今为止，图书馆不能完全成为经济上一个自给自足的组织。经济上的依附性限制了图书馆的发展，这种状况直到图书馆成为为普通公众服务的公益性组织才有所改变。现在，大多数图书馆的资金源于政府资助和社会捐款，但资金短缺仍然是图书馆发展的瓶颈。

（4）功能上的基础性。图书馆的基础性指图书馆的存在并不是为了创造多少经济效益，这一点与各种基础性学科的性质相似。如果没有图书馆作为文献信息的储备场所，人类在历史发展中可能早已失去知识的延续性、完整性和系统性。正是图书馆具有这种基础性功能，图书馆才能长期保持活力，继续生存和发展。

（二）图书馆的本质属性

关于图书馆的本质属性观点很多，较早的观点认为图书馆的基本属性是信息性和服务性。后来，图书馆的中介性又成为主流。近几年，又有学者提出"借阅性"和"追求知识价值的社会化"的观点。这些论述从不同角度分析了图书馆的本质属性，力求贴近真正的图书馆本质属性。但从图书馆的概念来看，图书馆的工作涉及两方面内容：一方面是以文献信息资源的搜集、整理、保存、收藏、利用工作为主；另一方面是向读者提供其所需要的文献信息资源，侧重满足其信息需求。这两项工作内容向人们揭示了图书馆的本质属性，即信息服务的中介性。

第一，图书馆从事的是与文献信息有关的工作。文献信息的出现是图书馆产生的直接原因和根本原因。在图书馆几千年的演变过程中，文献信息形式虽然有了巨大改变，如载体形式由兽皮、龟甲、泥板到丝帛、纸张，再到光盘、硬盘，但文献信息一直是图书馆主要的、不变的工作对象。

第二，图书馆是服务性组织机构。服务性作为图书馆的一般属性，上文已经论述过，这里不再谈及。

第三，图书馆具有中介的特性。图书馆的中介性指图书馆在文献信息资源和读者之间起到居间联系的作用，是读者和信息交流的桥梁。图书馆的文献信息状况影响读者的使用，读者的文献信息需求决定图书馆的生存，并指引图书馆的文献信息收藏走向。正是这种相互之间的促进关系，使图书馆不断向前发展。

总之，现有关于图书馆本质属性的论述都存在一定道理，但综合对其进行评价，而不是单纯地予以全盘否定，更能接近图书馆的本质属性。

第三节　图书馆的社会职能

一、图书馆的社会职能内容

机构、事物和人在社会中所起到的作用，被称为职能。其中，人能够承担的职位或职责任务的能力，被称为人的职能；事物所具有的功能，被称为事物的职能；机构所具有的职权、起到的作用，被称为机构的职能。在社会中，图书馆起到的作用以及拥有的职能，就是图书馆的社会职能。图书馆的社会职能主要包括以下四个方面。

（一）文化遗产的保存

在社会发展进程中，人们创造了文字，从而让交流变得更加高效便捷。文献信息资源就是人们在自身发展过程中，用文字记录下来的信息内容。在古代，人们开始将文献进行搜集整理，方便以后使用，这就是图书馆的起源。因此，搜集、整理人类发展进程中宝贵的文献资源，是图书馆最古老、最基本的功能。这些文献资源是人类智慧的结晶，是民族的宝贵财富，囊括了科学、文化、历史等方面，对人类文明进步起到很大的推动作用。

随着社会发展，文献资源的储存量越来越大，图书馆在储存纸质版文献方面面临很大的挑战。随着科学技术的进步，文献载体也有了全新的改变，人们通过使用光技术和磁技术，可以不断扩大文献的搜集范围，同时方便读者阅读。

（二）社会教育的开展

图书馆是一座知识的宝库，人们可以在其中自由学习，这是因为图书馆中的文献资源是非常丰富的。文献资源是人类智慧的结晶，记录着人类科学文化技术的发展，可以为读者的学习提供丰富的知识基础。

除此之外，图书馆还为学习者提供学习的场所，学习者可以长期在图书馆进行学习，自由使用图书馆中的文献资源和学习设备。社会教育也可以在图书馆中进行，自学是主要的教育方式，能够体现终身教育的理念。如今，越来越多的人开始践行终身教育理念，在走出校园之后仍会进行自学。在这种情况下，图书馆可以充分发挥其优势，让学习者在进行自学时，更多地选择去图书馆。远程教育是数字图书馆的一项重要功能，对于时间不够充分、不能去图书馆学习的人，可以利用数字图书馆的远程教育功能进行学习。在计算机互联网的作用下，图书馆的教育范围得到扩大，也使学习越来越灵活。此外，图书馆中的文献资源非常丰富，读者可以自由获取，也有助于学习者主动性的提升。

在高校中，大学图书馆是最基本的教育设施，是学生的第二课堂，对于人才培养有重要的作用。由此可见，在社会教育中，图书馆的作用非常重要。

（三）科学技术情报的传递

图书馆的社会职能中还包括对科学技术情报的传递。目前，社会文献资源的数量越来越庞大，增长的速度也越来越快，导致其形式和类型非常复杂，且具有很强的时效性，使传统大而全的思想面临巨大挑战。随着网络技术的发展，图书馆在未来的发展方向应是网络资源共享、馆际交流合作的形式。

在 20 世纪五六十年代，图书馆界已经提出资源共享，其目的是让图书馆与图书馆之间可以进行资源分享，让读者享有跨馆际的阅读服务，将文献资源的应用范围扩大。但是，最早的文献资源共享服务方式非常简单，仅仅是图书馆与图书馆之间的互借服务。随着科学技术的发展，资源共享成为图书馆的主要发展方向，图书馆界试图通过资源共享消除图书馆之间的隔绝性。例如，文献资源共享系统已经在中国高校中开始实施，所有高校图书馆联合起来实现资源共享，为高校的学术研究提供文献资料支持，提高高校图书馆文献资源的利用率。

当前，图书馆在科学情报传递范围上越来越广阔，速度也越来越快。首先，传递的内容主要为原文的查阅和传递；其次，图书馆科学情报的传递方式越来越主动；最后，图书馆与图书馆之间越来越开放，资源共享服务越来越频繁。

（四）智力资源的开发

智力资源指人类在长期发展过程中创造出并积累下来的物质成果、精神财富及尚未认识到或发现的一些潜在的资源和信息。对于图书馆来说，智力资源指本馆已有的各种馆藏文献及信息，还包括互联网上的各种文献以及信息。传统智力资源开发指图书馆根据读者需要，对本馆内的各种文献及信息进行二次或多次加工。近些年，随着信息技术的快速发展，图书馆对智力资源的开发力度有了明显提升。

首先，开发智力资源的内容逐渐增多，范围不断扩大。在计算机及网络技术辅助下，图书馆的文献及信息资源被深度开发，在原有资源基础上，总体内容不断增加，不再仅通过人工进行开发，也不再局限于现有的馆藏资源。文献及信息资源的大量增加，让读者能够明显感觉到可利用资源的丰富和充足，极大地满足读者需求。

其次，用于智力资源开发的方法和手段更加多样化，也更具现代化的特点。读者可以从图书馆所建立起的庞大信息库和数据库中，便捷地查询到自己所需的资料和信息。

最后，服务对象被进一步扩展。传统图书馆因为有地理位置方面的限制，只能为附近的读者提供服务，身居远方或异地的读者如果需要查询信息，必须要亲赴实地上门办理。但是，随着互联网的普及，计算机技术也有了日新月异的发展，异地读者可以通过网络获得图书馆便捷的服务。

上述4种是图书馆最基本的社会职能，除此之外，为人类提供丰富的文化生活也应当是图书馆的一个社会职能。在人类社会生活中，文化娱乐不可或缺。阅读是人们一种重要的文化生活方式。图书馆不仅可以为读者提供需要的书籍、报刊、资料等，而且为读者营造浓厚的文化氛围。同时，图书馆可以根据自身实际情况，组织开展文化娱乐性的活动，比如召开学术会议、举办图书展示会、召开专家学者报告会、举办音乐会、文艺演出，让图书馆的服务项目更加丰富，服务功能更加全面。

二、图书馆社会职能实现的目的

（一）创建舒适的阅览环境

作为公共场所，图书馆有其特殊性，应当努力营造浓厚的文化氛围，为读者提供更佳的阅读环境。图书馆只有创造了优越的人文环境，才能对读者产生足够的吸引力。因此，现在很多城市或大学图书馆都成为标志性的存在，为人们所津津乐道。这些图书馆不仅有着标志性的外表，而且有着优越的内部环境以及先进的设施。馆内墙面上装饰的名言警句，设置的书画长廊，遍布于馆内各个角落的宣传资料以及导读设施，无一不让读者感受到宁静的氛围和良好的阅览环境，同时让读者的心灵得到净化，从而能够静下心来学习知识。

（二）提高馆内文献信息资源质量

现阶段，我们已经进入一个知识经济占主导的时代，各行各业都充满着激烈的竞争，要想顺利地生存并获得更大的成功，首先要具备相应的综合素质。阅读有利于提高人的综合素质，而图书馆无疑是一个绝佳的阅读场所。图书馆本应成为人类文化的集散地、信息的加工厂，为人们提供更多更全的教育资源，满足人们提升自我需求，但是因为资金等方面的限制，图书馆不可能满足全部读者的需求。在这种情况下，各图书馆应当根据自身特点和读者的具体情况，对馆藏资源有所选择和取舍，令馆藏以及服务更具特色。

图书馆还应定期对馆藏资源进行二次或多次加工，对文献信息进行合理指引和科学分析，总结出其中的秩序和规律，为读者提供更方便的检索查询服务。

（三）加速信息开发

很多图书馆都存储着大量信息资源以及文献资料，图书馆应当对这些宝贵资源进行合理开发和利用，体现出其社会服务功能和公益性质。目前，人们对于信息的需求呈现出很多新的特点，比如更加综合化、更加开放、更加社会化、效率更高等。传统图书馆为读者提供的服务方式和内容已经显得十分被动和无力，因此图书馆应当加快推进现代化管理手段，加强数字化信息体系建设，为读者提供更加便捷、高效、优质的服务，在社会经济和文化发展中发挥自身应有作用。具体来说，可以从以下方面入手：一是推广计算机技术应用范围，让图书馆的管理更多地体现出自动化、数字化、技术化特点，为读者提供更加人性化的服务；二是引进多媒体技术手段，为读者提供更加专业化、多样化的信息服务，令信息服务不再受时间、空间以及对象限制，从而满足读者个性化需求；三是将图书馆建成研究中心，充分利用工作人员的专业技术，开展文献和学科方面的研究和探索，为高层次读者提供更具特色的服务，引导科技发展，推动人类社会的进步。

（四）构建社会信息咨询服务中心

咨询服务指按照用户的不同需求，对信息进行传递与共享。随着信息化时代的到来，各类信息量正在呈爆炸式增长，身处社会转型期中的人们纷纷感觉到难以处理大量涌来的信息，希望有咨询服务机构为自己提供帮助，而图书馆恰好可以承担起相关的服务工作。图书馆具有的公共性和公益性的特殊性质，其本身储藏着丰富的信息资源，都是其得天独厚的有利条件，可以成为社会的咨询服务中心。此外，此类服务项目的增设，还能拓宽传统图书馆的服务渠道，推进图书馆工作的创新与发展。

（五）馆员综合素质的提高

从事图书馆的业务工作要求工作人员具备很强的技术性，还需要具备一定的创造性。图书馆的职能是否能够得以充分发挥，在很大程度上受到馆员业务素质和综合能力的影响。作为图书馆的工作人员，应当对自己的本职工作报以热情和责任心，时时刻刻关注各行各业的发展动态，不断学习各方面知识，提高自身的业务能力和水平，注意积累专业知识和经验，同时学习和掌握计算机和网络方面的知识与技能。此外，随着国际化的不断深入，读者不仅对国内的各类信息有需求，对国外的信息也同样有需求，因此，图书馆馆员也应当具备一定的外语水平。

为此，图书馆的工作人员应当具有"终身学习"的意识。身处一个信息化飞速发展的社会中，大家都应当有终身学习的自觉性，不断汲取新的知识，学习新的技能，从而适应时代的快速发展。

第四节　现代图书馆的类型

一、图书馆分类作用

（一）有助于科学地确定图书馆的工作目标

随着社会分工的日益细化和专业化，以及对信息需求人群的不断壮大，图书馆的类型也在不断变化。为了同时满足图书馆类型的自然形成和符合图书馆发展特点两方面要求，需要对图书馆进行正确的类型分类，从而推动对图书馆的正确定位和稳健发展，为用户提供满足其信息需求的服务。

图书馆的长远、稳健发展离不开一个正确目标的指引，以及一系列有效措施的保障。为读者提供服务是图书馆的主要功能，也是建设的最终目的，在制定图书馆的目标时，要始终坚持以服务对象为本的原则，需要我们对图书馆类型进行一个新的认识，从而让各个类型的图书馆各司其职，并各自确定自己的内容和职能。只有对图书馆的分工和任务进行明确，才能确保图书馆获得长远发展。

（二）有助于提高管理效率

自从工业革命之后，生产正迅速地向专业化和分工细化方向发展，不仅有利于提高劳动者的工作效益，而且可以有效减少人力资源，缩减成本，也推动着学技术的进步，使管理效率有了质的提高。从这个角度来说，对图书馆进行类型划分，本质上是对图书馆进行一种分工，让图书馆的工作和管理更为专业和细致，对图书馆的资源起到一个合理配置的作用，使得图书馆的能力得到较好提升。

在信息高速发展的今天，不可能只通过某一个图书馆满足所有用户的所有信息需求，因此有必要对图书馆的类型进行区分，从而满足不同用户和不同信息使用者的不同需求。从政府角度来说，对图书馆类型进行划分也是具有实际意义的，因为它能让社会信息保持完整和协调，从而为社会发展提供必需的文献信息资源，促进各个图书馆之间进行文献信息资源的共享和互换。通过对图书馆的类型进行划分，能最大限度地发挥社会信息资源的功效和作用。

（三）有助于突出图书馆的服务重点

开展图书馆类型划分工作，首先需要对各个类型的图书馆做好分工协调，而非简单地在已有图书馆类型基础上进行整合，只有这样才能确保让不同类型的图书馆都能正确定位自己的职责和分工，为用户提供高效率、高质量和高水平的信息服务。此外，要清楚认识各个类型图书馆的发展特点、服务对象和服务功能的特殊性，明确自己的工作职责，从而形成一个有效的文献信息资源体系。此外，对图书馆进行类型划分，也是为了按照图书馆的发展规律和各自特征进行社会信息系统的定位，并以此作为服务方向、资源配置等工作的理论基础，最大限度地发挥图书馆的文献信息资源效用。

以往对图书馆主要是根据既定的标准进行目别汇分，从而形成各个系统的信息资源库。但现在，图书馆的类型划分标准有了新的发展，需要从图书馆的整体规划和整体发展高度进行划分工作，使得图书馆系统能够各司其职，互相补充，取长补短，并为社会各界提供高质量的信息服务。同时，指导图书馆进行自身准确定位，可以让图书馆了解自身主要职责和工作，按照行业标准要求自己。因此，对图书馆进行类型划分是一项必不可少的工作，只有这样才能为图书馆的发展指明正确方向，促进图书馆的高速发展。

二、图书馆分类依据

对图书馆进行类型划分，应当基于图书馆现有的情况，充分分析和了解各个图书馆之间的异同点，并以此作为划分的重要依据。虽然看问题的角度不同会导致分类依据有所不同，但是在确定划分标准时，还是要选择对图书馆有主要影响的因素，从而让划分标准具有科学性和合理性。

（1）读者与用户的需求。图书馆的本质是为用户和读者提供文献信息资源的服务。因此，读者和用户的需求是影响图书馆类型划分的一个基础因素和重要前提。图书馆的所有活动都是为了满足读者和用户的需求，图书馆在此目标下进行文献信息资源库的充实和补充，从而形成自身的特色服务方向和特有组织结构形式，为图书馆的类型划分提供了理论依据。

（2）图书馆的资金来源。图书馆是不以营利为目的的一种公益性社会机构，其自身不具备盈利条件，所以其生存和发展必然要依附政府的经济支持和政策支持。因此，图书馆的经费来源也是图书馆类型划分的一个主要标准。

（3）图书馆的文献信息资源体系。图书馆文献信息资源体系的独有性是区别于其他图书馆的一个重要标志。这种文献信息资源最大的特点是针对性较强，体现在专业领域、文献载体以及用户群体、民族语言等方面，并形成不同类型的图书馆，如数字图书馆、自然科学图书民族图书馆和复合型图书馆等。所以，图书馆类型的划分也会受文献信息资源特点的影响。

（4）图书馆的管理体制。图书馆的管理体制决定了图书馆的管理部门、服务对象、经费的来源以及监督管理负责人等管理职能上的问题。比如由政府进行综合管理的图书馆，一般是公立的，学校则负责高校图书馆的管理和监督，还有一些由研究所管理的图书馆。因此，不同的管理体制形成不同类型的图书馆。

三、我国图书馆分类的基本情况

现有的图书馆类型是图书馆发展过程中所产生的，具有其特有的社会政治体制色彩和文化传统色彩，各个国家对于图书馆的分类标准各有不同，导致国际上对图书馆的类型划分也有所不同。

标准和特色各异的图书馆分类标准，加大了图书馆的统计工作和交流工作的难度。因此，国际标准化组织和国际图书馆协会联合会在得到联合国教科文组织的同意后，从1966年开始致力对图书馆统计的国际标准的制定，在1974年提出"ISO2789—1974（E）国际图书馆统计标准"，并在此标准中包括图书馆分类标准，从而为国际上的图书馆分类制定了统一的标准和规范。该标准将图书馆分成国家图书馆、高等院校图书馆、学校图书馆、其他主要的非专门图书馆、公共图书馆和专门图书馆这六大类别，并对六大类型的图书馆分别进行定义。现在，国际上广泛使用的"ISO2789—2008"标准是该标准的最新版本。

国内目前使用的统计标准为 GB/T13191—2009。GB/T13191—2009 将我国图书馆分为高等教育机构图书馆、流动图书馆、国家图书馆、公共图书馆、学校图书馆、专业图书馆、保存图书馆和存储图书馆七个类型。

（一）高等教育机构图书馆

高等教育机构图书馆是由高等学校管辖，辅助高等学校进行教学的一个组织，该类型图书馆的主要服务对象为学校教职工和学生。由于该类对象的文化专业水平比较高，所以高等教育机构图书馆不同于普通的学校图书馆，在其馆藏特点、作用、地位和性质上都有特殊之处，在类型划分时作为单独的一个类型。

首先，高等教育机构的图书馆主要的工作职责是为本校教职工和学生提供信息资源服务，是高等院校不可分割的一个核心部分，形成高等教育机构图书馆最为显著的特点——服务型和学术性。服务性指高等教育机构图书馆的主要工作职责是将文献信息资源提供给本校内的学生、教师以及科学研究人员；学术性指高等教育机构图书馆除了要为本校教职工、学生提供信息服务外，还需要进行科学研究项目、教学研究项目等研究探索工作。其次，高等教育机构开展教学工作时，也需要高等教育机构图书馆的配合。高等教育机构图书馆不但具有服务性和学术性功能，还要配合学校开展教学任务。例如，信息检索课程、政治思想教育、读者辅导等教学任务，都需要高等教育机构图书馆实施完成。最后，根据馆藏特征，高等教育机构图书馆又包括两种类型：一个是综合型高等教育机构图书馆；另一个是专业型高等教育机构图书馆。这两种类型中以综合型图书馆为主。学校的专业设置和科研方向是高等教育机构图书馆馆藏的主要方向，并在发展过程中越加突显自身特色的馆藏发展方向，从而帮助学校开展教育和科研工作。

总体来说，高等教育机构的文献信息资源库是由高等教育机构图书馆控制，为学校开展教学、科研工作提供信息服务，并逐步发展成为学生课后学习的主要场所。但是，目前高等教育机构图书馆基本上不对外开放，只为本校教职工和学生提供信息服务，导致大量信息资源得不到充分利用，因此对外公众开放将是高等教育机构图书馆发展的一个重要方向。

（二）流动图书馆

流动图书馆常常被当作公共图书馆的组成部分，是一种运用交通工具进行文献信息传递的图书馆。这种类型的图书馆属于一种特殊的服务形式，可以为用户提供不受场所限制的信息资源服务。任何类型的图书馆都可以设置流动图书馆。

（三）国家图书馆

国家图书馆是将国家级的文献信息资源进行搜集和保存的一种机构，受国家法律保护。现在，基本上每个国家都有国家图书馆，有些国家甚至有几个。中国国家图书馆在北京，分为一个主馆和一个分馆。该馆规模不仅是国内最大，更是亚洲第一，馆藏量达到2200万册。

（1）作为国家书目信息中心，编制国家书目和联合目录。中国国家图书馆的主要工作是完成对全国范围内的书目、联合目录和馆藏目录的编制。全国书刊联合目录编制工作始于1927年，并在1957年获得阶段性成效，建立了较完善的系统。全国图书馆联合编目中心在1997年10月份成立，主要负责全国性图书馆计算机联合编目和组织工作，建立网上联合目标，并对文献资源和书目数据实现共享和互换。现在，各种书目数据在国家图书馆的自动化发展推动下，获得了全面改进和兴建。"中国国家书目回溯数据库（1949—1987）"和"中国国家图书数据库（1988年至今）"两大书目数据库的完成，让国家书目数据库的规模和覆盖率达到最大化。

联合编目中心为全国范围内的中文机读书目数据提供服务，并对书目数据进行制作、发行和加工等。现在，国家图书馆主要编著了三十多种书目，主要包括"中国国家书目""民国时期总书目""中国古籍善本书目"等，这是一个国家性质的书目编制系统。

（2）收藏并更新大量、具有代表性的国外文献（包括研究该国文献），从而建立一个拥有丰富外文馆藏的国家图书馆。

（3）指导其他图书馆的管理，促进合作。国家图书馆是国家一个信息资源总库，为全国其他类型的图书馆数字化、规范化、标准化和网络化提供依据和标准，也是国家信息网络核心和书目中心，为其他图书馆的发展和管理提供了参考依据和标准。

（4）加强国际交流。国家图书馆是我国的一个形象代表，在国际图书馆组织活动中发挥重要作用，可以与国际其他图书馆开展信息互换和共享等功能，从而加强与国际图书馆的交流和协作。

（5）协调研究与发展工作。国家图书馆将最前沿的信息资源引入图书馆学的发展和研究中，并进行全国范围学术研究工作的组织和管理，对国内图书馆研究的深入和发展具有积极作用。

（四）公共图书馆

相对其他类型的图书馆，公共图书馆起源比较早，最早出现在古罗马时期。其真正兴起则要追溯到 19 世纪后期的英美等国家。该图书馆为所有公民提供信息资源服务，一般由地方政府进行拨款，受到法律保护。所以，公共图书馆具有地区性、开放性和政府支持的特点。

中华人民共和国成立后，公共图书馆得到很好的发展。目前，国内公共图书馆超过三千家，从行政区域上可以将其分为国家性以及省级、直辖级、自治区图书馆，还有一些地区性的、乡镇以及街道性质的图书馆。

公共图书馆的馆藏性质基本上以综合性为主，并设置一些地方性的文献信息存储。大中型的公共图书馆还设置分馆，为不同行业、不同年龄和不同文化层次的读者提供信息资源服务，并为当地的用户提供阅读服务。

（五）学校图书馆

学校图书馆指附属于高等教育水平以下各类学校的图书馆，主要功能是为校内学生和老师提供服务。

（六）专业图书馆

专业图书馆是为一定学科或者知识领域专门设立的图书馆，既有综合性也有专业性。通常可以分为七种类型：一是政府图书馆，主要工作职责是为政府部门和办事处提供信息服务；二是健康服务图书馆和医学图书馆，其工作职责是为医院等专业医疗机构提供信息服务；三是专业学术机构和协会图书馆，其主要是为行业和专业领域的人员提供信息资源服务；四是工商业图书馆，主要为商业公司提供信息资源，主办单位一般是上级组织，以满足本单位职工的信息需求为主要目标；五是传媒图书馆，主要服务对象为杂志社、出版社、电影广播行业等；六是地区图书馆，这类图书馆具有非常明显的地域性；七是其他专业的图书馆，即以上六类图书馆以外的所有图书馆。

这些图书馆的主要工作是在各自领域内进行收集、整理、保管和共享信息资源，同时对信息研究和开发项目进行深入挖掘和开发，使得各领域的科研人员都能够得到信息资源的及时补充和支持，让图书馆获得全面高效的发展。

（七）保存图书馆和存储图书馆

这类型的图书馆馆藏利用率通常较低，用于储存一些冷门行业的文献信息资源。

第五节　信息的发展规律与图书馆信息化建设的重要性

一、信息的发展规律

获取有效的信息和查询有效信息是图书馆信息职业的两大基本职责。图书馆要想保障信息查询的准确性，就要依靠有效的信息整理，搭建信息检索系统，制定平台技术研发和信息政策。图书馆信息职业在设计信息检索系统和筹划运行信息获取平台时，要深入了解所服务对象的内在需求和根本特征。

（一）信息查询与信息组织整理

1. 信息查询

信息查询也叫信息检索，即信息用户借助特定的信息系统查询信息，从众多信息中识别、查找、选择与自己需要有关的信息。信息查询过程应包含以下几大要素：已获知的所有信息、预定的信息系统、预定的信息需求以及能够将所有的信息和需求进行整合匹配的科学技术。

在图书馆情报学中，对信息查询有效性的判定，大多是通过查准率和查全率两个指标进行整体评估。查准率是指在信息检索的过程中，检索出符合要求的信息数量占信息总数量的比例。查全率是指在预定的检索过程中，从信息系统中搜索出来的文献数量占全部系统中所有文献的比例。查准率和查全率可以衡量信息查询的结果是否有效。高查全率和高查准率意味着信息查询是有效的。

然而，有效的信息查询又面临着一些具体的困难。第一，信息爆炸所带来的信息检索困难。网络技术、光学技术、电子计算机技术的快速发展已经远远超过了人类的印刷技术、造纸技术、文字技术所生产出来的信息。这些信息的快速积累也意味着查询信息的难度不断增大。在古代人类产生信息的效率非常低，而印刷术和纸张的发明使得人类的信息快速增长。人类的信息已经超过了"无须任何保障就能实现查询"的程度。据说古埃及亚历山大图书馆馆藏数量最大超过70多万卷，而印刷术和纸张的出现使得文献得以快速增长。第二，人类主观性理解信息时所遇到的困难。数据是带有自身意义和客观数据的复杂结合体。交流信息的过程便是人们理解数据、分析数据意义的过程。在信息交流的过程中，人们只有理解信息才能够实现信息传达的目的。信息理解有其客观依据，但归根到底是人的意识活动的结果，带有人类强烈的主观能动性。信息接受者要受自身价值观、知识结构、经验等多方面的影响，所以字面上的信息会被查询者进行关联性考虑。比如普通民众在查询"雾霾如何影响健康"问题时，太高深的医学和环境信息科学信息会超出普通人的理解范围，因此这种信息不管多么切中雾霾和健康主题，普通民众依旧会其认为它是无关信息。图书情报学从主观角度认为，信息是要被理解的信息，如果信息无法被人们理解，就不能被称为信息。信息有效查询意味着无法理解的信息不能够被查询出来。然而任何检索者搜索信息的过程都是一个非常复杂的信息匹配过程。

2. 信息组织整理

描述或揭示信息中事物的属性，并对其从信息系统角度进行整理，这个过程通常被称为信息组织。整理信息，将其组织成各种文献、信息的指代和标识，使人们能够根据不同信息的属性和标识查询到目标信息。

（1）信息组织整理的过程，如意义领域标识、创作者标识等，会形成与信息有关的不同标识，这种标识形成了事物特定的信息属性，这种属性通常用特殊的符号或术语进行表达，它把信息所涵盖的所有标识按照一定结构进行排列，进而整理出与信息和文献有关的信息记录。这条记录一般称为信息或文献的指代。所以在信息组织整理语境下的指代就是在信息系统中对原始信息和文献的某条记录。所以，把预定范围内的信息和文献，用预定的检索方法将其整理出来就组成了信息检索系统。

（2）"作品-载体"这种概念模型是信息组织整理技术的前提。信息组织整理技术是对信息和载体的属性进行描述、赋值、分析、形成信息和文献指代，并最终完成信息检索系统的过程。确认数据载体意义的属性，并对这种属性进行赋值才能够完成这一任务。有效描述作品和文献的指代成为"作品-载体"概念模型组织整理技术所面临的首要问题，"作品-载体"概念模型的构建有以下四个过程。

第一，分类方法。这种方法系统划分了人类知识体系。图书馆信息职业的这种系统划分有自身的知识体系和分类原则，在对不同作品进行分类时，图书馆信息职业要考虑多重因素。首先，文献实体的物理空间需要；其次，文献的形式特征；再次，各知识领域文献的具体情况，要按照知识类目对其进行不同的设置；最后，文献实体分布排架也要在其考虑范围之内。

第二，标引。借助图书馆信息职业的特殊语言，根据不同的作品主体进行标识，可以使人们能够根据不同的主题，查找相关信息以及与信息有关的相关特征。

第三，著录。很多信息要想传播必须借助大量的记录。被记录下来的信息与载体一起称为文献。文献需要借助标记载体的属性才能够更好地被人们检索出来，比如文献提名、出版时间、出版地、出版者等。对于主题和学科之外的其他信息进行标识，并把所有的标识整合成为文献指代的技术，被称为著录。

第四，编码。把描述作品意义属性和其他属性的标识借助计算机的形式转化成为可以处理、接受和识别的代码，借助计算机分析不同的属性的形式就是为信息组织整理的编码。

基于"作品-载体"概念模型技术，依托于分析作品属性，对整部作品的整体进行描述，可以阐述作品之间的某种关联性，这种关联与作品中所涉及的关联性差距很大。

（二）信息获取及其基础设施

在日常生活中，人们要想解决问题，使自身获得快速发展，就一定要从外界获取大量的信息。人们获取外部信息的过程可以分为两个阶段。第一阶段，人们确定是否存在信息，存在哪些信息，所面临的信息与自己所需要的信息之间是否有关联，各种观点信息之间如何互相存在。第二阶段，人们在获得信息本身前，先要根据不同的查询结果进行筛选，信息和指代分布在不同的系统中，甚至分布在不同机构和地点,所以要扫除物理距离的障碍才能够获得相应的信息,有时即使信息的物理意义具有邻近性,也无法快速获得原始信息。

1. 信息获取

(1)信息获取。人们出于利用信息和需求信息的目的而取得信息的过程,被称为信息获取。信息获取的过程可能发生在信息查询的过程中,也可能会发生在信息查询之后,有时会不经过信息查询而直接获取信息。不管信息获取与信息查询是否相随,信息获得的本质都是为了获取特定的信息。

(2)信息可获得性。信息用户可以自由地获取信息,并借助自由获取的信息表达信息,可获取的相关信息是指与生活环境相关的所有信息,这些可以获取的信息是用户有能力且有机会获取到的信息。特定用户在日常生活中的相关信息量是无法进行估算的,很多都是模糊的考量,只能显示出信息获取中最需关注的问题。所以信息用户所获取的信息,指用户能够获取的和自己生活环境息息相关的信息。

(3)信息有效获取。对于用户来说,有效获取信息就是在充分理解信息的前提下,能够获取自己预设的信息。由于信息可获得性的约束,用户无法获取有效信息帮助自己解决问题,甚至不会产生信息需求,同时信息可获取性的约束会使用户不断调整自己的期待,降低自己对于信息的关注程度。

需求者和信息之间的阻碍不仅是物理意义上的距离,可能还存在社会、智力、情感等多方面的距离,需要多方面的条件支持才能够获得信息。比如不断加强培训和教育工作缩短智力距离,依靠信息技术基础设施的支持克服物理距离,加强制度建设并不断缩短文化、政治、经济和社会之间的距离等。

搭建起合理的制度、建设信息基础设施、有效的社会分工,才能够保障信息的有效获取,方便人们用最小的付出获得想要的信息。

2. 信息基础设施

广播电视设施、图书馆设施、互联网设施都是能够保障信息有效流动的物理设施,也就是信息基础设施。建设信息基础设施时的前期投入通常比较高,效益比较低。

（1）公共图书馆设施。社区或政府出资搭建起公共图书馆设施，可以为公众提供公共服务。公共图书馆设施首次出现在19世纪中期的美国和英国。公共图书馆设施可以为社会培养出更多有思想、有文化的社会公民，它有利于推动文化传承，保障社会和谐发展以及个人的长远发展。

世界各国都意识到了公共图书馆的社会服务意义，都在努力搭建图书馆设施，争取覆盖全民。但每个国家因为立法体系、财政体系、行政管理体系不同，所以在公共图书馆建设上也不完全相同，经费来源和负责执行的政府机构存在一定的差异。中华人民共和国自成立以来，就一直规定省、市、县各级政府要一起建设公共图书馆，但没有明确其法定服务范围，只是要求要在能力范围内，图书馆的社会服务要覆盖所在的城区范围。

公共图书馆设施和其他信息基础设施不同，一般都需要一支专业化的团队维护运行，给公众提供专业化的服务。19世纪公共图书馆产生，图书馆所拥有的专业服务团队有利于推动公共图书馆价值的最大化，公共图书馆也成为其他设施向全民覆盖的最佳平台，发挥着基础设施的关键作用。

（2）互联网设施。从信息基础设施的立场来看，互联网设施是世界各地计算机形成的统一信息网络。20世纪90年代以后，互联网设施囊括了高速度、超大容量的光纤通信网络。

网络技术可以获得大量的信息。网络技术的广泛使用使人们可以借助计算机直接产生交流，把数字化文献变成最终文献形式。网络技术带来了传统出版机构的变革，给它们带来了新的出版渠道和发展道路，也为政府、部门、团体和个人带来了发布信息的快速通道。互联网有利于支撑社会的基础设施发展，它给社会所带来的深远影响要超过一般的信息通信设施。

二、图书馆信息化建设的重要性

信息网络技术深刻影响到了人们的生活、工作以及学习。图书馆发展只有与时俱进，不断满足人们对于大量信息和知识的需要，才能够为人们提供优秀的服务。因此图书馆发展要和计算机网络运用相结合，使图书馆信息化建设快速开展，有利于推动素质教育变革，帮助社会和国家培养高素质人才。同时图书馆信息化建设与国家信息化建设要保持步调一致。图书馆工作人员应该勇于接受时代挑战，不断提高图书馆信息资料的管理和服务能力，给读者和广大老师、学生带来丰富全面的信息材料，不断推动我国学术文化的快速发展。

（一）图书馆信息化建设的作用

不断发展图书馆信息化有利于知识的传承。20 世纪 70 年代，中国开始接触计算机技术，经过近五十多年的发展，现代化信息技术已经广泛应用到中国的图书馆中，并取得了令人满意的效果。如今图书馆已经成为容纳社会资信息资源的关键场所，而不仅是简单储存书籍的场所，图书馆在信息化方面蕴含的能量巨大。

第一，图书馆信息化发展转变了人们的思想观念。图书馆与社会迅猛发展紧密相关，图书馆因此也产生了巨大的变化，它从传统的人工操作形式变成了计算机管理与控制形式，实现了图书馆管理的自动化运作。计算机网络使图书馆原有的空间和时间限制被打破，因此使得图书馆工作人员的服务思想、管理理念、价值观都发生了翻天覆地的变化，这种变化又进一步推动了图书馆信息化的发展。

第二，图书馆信息化可以更好地共享信息数据。人们一直期待能够实现资源共享。传统图书馆的工作人员在资源共享上一直在努力，但是因为受困于有限的技术水平和物质条件一直没能达到预期效果。网络技术和计算机技术的迅猛发展不断推动着图书馆的信息化建设，资源共享问题不再是一道难题。图书馆信息化发展降低了图书馆之间合作的成本，同时为图书馆和其他机构之间的沟通交流带来了良好的机会，使信息资源能够高度共享和融合。

第三，图书馆信息化有助于更新组织机构的业务流程和改革图景。图书馆信息化可以提高工作效率，其借助信息网络已经开始搭建起虚拟网络图书馆。数字化的图书馆资源采集是虚拟图书馆创建的过程，传统的图书馆组织机构已经无法胜任此项工作，因此图书馆只有不断改革内部组织机构和管理体系，才能满足信息化工作发展要求。目前具体方式有以下几种：一是图书馆工作的核心是信息服务，二是图书馆管理的中心是自动化管理系统的信息化发展，应该带动图书馆自动化系统的发展，三是重新整合业务部门以适应图书馆业务重心的改变。

（二）图书馆信息化管理存在的问题

图书馆信息化建设并不是简单独立的过程，而是融入了管理的多个方面和环节。各个环节之间彼此影响、相互联系，阻碍了信息化的发展水平。目前中国图书馆在信息化建设过程中还存在着诸多问题。

第一，投入经费和投资力度不足。目前对图书馆信息化的资金投入还不足。通常政府拨款是图书馆建设的主要经费来源。目前各行各业都围绕着经济效益发力，投入在图书馆的资金相对较少，常常导致图书馆无法维持正常运作，更无暇顾及信息化建设。同时图书馆不能科学使用目前的资金，进而出现重复购置和建设的情况，造成资金的极大浪费。

第二，较大的区域差异。不同的城市经济发展状况会对图书馆信息化建设带来不同的影响。通常来说图书馆信息化水平越高，意味着该地区的经济水平越高。中国每个地区经济发展状况不平衡，按照目前地域情况划分，图书馆信息化水平可分为以下几类：一是上海、北京等大型城市，二是沿海地区，三是西部以及东北部地区，四是中部地区。

第三，不标准的信息化规划。图书馆信息化的规范化有利于推动社会信息化的发展。数据库的标准化和规范化是实现图书馆信息数据共享的必经之路。然而中国图书馆信息化建设缺乏统一、完整的规范和标准，其具体原因有以下两种：第一种，每个图书馆都单独购置软件系统，在软件系统标准设置上并不相同，其在系统兼容上存在很大问题；第二种，每个图书馆在数据和数据库的规范上也不相同，无法实现图书馆之间的数据共通。目前规范化和标准化是图书馆信息化快速发展的首要问题。

第四，专业人才的匮乏。目前我国图书馆受到上级主管部门的约束，不能成立独立的部门，无法自主选择人才。图书馆在选聘工作人员时无法自主决定，而是要由上级部门决定，同时因为各种现实问题和历史原因，专业性人才较难进入图书馆，图书馆的信息化发展受到了人才匮乏的约束。同时图书馆工作人员的个体结构，如技能、知识、自身素质，以及整体结构如学科、学历、职称等各方面，都呈现不均衡的状况。目前老龄化现象已经成为图书馆工作人员的首要问题，这些问题阻碍了图书馆的信息化发展，信息化建设工作缺乏综合型专业人才的推进。

第五，没有权威的领导部门。图书馆被分成很多个独立的系统，这些系统没有合作沟通和交流，也缺乏一个权威的领导协调各部门的工作。很多图书馆自我封闭，不与外界沟通，完全依靠自己的力量建设信息化，从而出现了严重的"孤岛"现象，重复建设情况严重。图书馆在进行数据化建设时，只重视数据库却不重视实际运用，图书馆的信息资源分散，服务不开放，只强调纯粹的纵向发展，在更新数据方面速度非常缓慢，这些问题都降低了用户使用信息资源的热情。

（三）图书馆信息化建设的改善措施

我们应该从各个方面采取措施以解决图书馆建设信息化过程中的诸多问题，不断加快中国图书馆信息化的建设进程。

1. 政府部门干预力度的加强

首先，政府要使图书馆信息化建设更加整体、规范。图书馆信息化建设牵扯精力巨大，会波及政策、人才、经费等各个方面，因此每个地区图书馆信息化发展过程都不同，进而出现了不均衡发展的状况。要想改变这种发展不均衡的状况，不可能单纯依靠图书馆或者个人，政府要发挥统领作用，以战略发展的高度出发深入分析中国图书馆的发展问题，制订出合理、科学的整体规划和规范，从而推动图书馆信息化建设更加标准化和规范化。

其次，设置权威的领导机构。图书馆的信息化建设要想获得长远发展，必须依靠社会各界力量的支持。作为一个社会性事业，图书馆信息化可以让图书馆工作人员和资源使用者共同进行建设。图书馆信息化所波及的范围非常广泛，其影响因素很多，所以必须设置一个权威的领导部门协调图书馆各部门的工作，使图书馆信息化工作能够快速展开。

最后，要不断加大资金投入，在政策方面向图书馆信息化建设倾斜。通常来说，图书馆信息化建设占用了大量的资金，这些资金金额庞大，图书馆难以承担。所以国家在对其财政投入方面要不断加强，同时使越来越多的人更加重视图书馆信息化建设。国家应该针对图书馆信息化建设颁布相应的政策，使图书馆既能产生社会效益，也可以通过一些经济活动获得经济来源，使信息化建设的投资力度不断加大，从而推动图书馆信息化事业的快速发展。

2. 图书馆自身改革的加强

图书馆信息化建设离不开国家的大力扶持和资金帮扶，同样也离不开图书馆自身的变革，具体可以从以下几个方面展开。

（1）更新思想观念。信息化建设受困于落后的思想观念，因此图书馆建设一定要不断解放思想，用信息思想和竞争意识武装头脑，摒弃落后的传统思想观念，让图书馆参与市场竞争，让图书馆事业成为中国信息产业的中坚力量。

（2）加大图书馆信息资源的建设力度。第一，图书馆馆藏应该纳入网络数字化信息资源。网络数字化资源信息迅速膨胀依赖于普遍应用的网络技术。因此图书馆馆藏结构要按照网络信息化资源进行不断收集、存储和选择，最终制订出合理科学的馆藏方案。第二，有计划、有步骤地实现图书馆馆藏信息数据的数字化，使图书馆信息化内容越来越丰富。在进行图书馆馆藏数字化建设时要注意两方面问题：一是工作人员要减少数字化建设过程中重复浪费的情况；二是图书馆馆藏中拥有大量的纸质资源，图书要明确数字化范围，所以一个科学、全面的工作计划只有从全面的角度出发，才能顺利开展数字化建设。第三，要想避免工作的重复浪费就一定要制定一套统一的标准和规范，这样才能高效地使用信息化资源。第四，树立信息自立的政策。我国不同的地区、不同的图书馆的数据建设要具体问题具体分析，充分利用自身特点，不断提高图书馆的竞争力，以抵御国内外日益激烈的市场竞争。第五，联合作业。可以充分融合区域内各个图书馆的优势，加强图书馆之间的合作和交流，比如共同存储、联合构建资源数据库等。

（3）引进并培养专业人才。图书馆信息化建设的顺利开展依赖于大量的专业技术知识人才，这些人才熟悉信息技术知识，同时也具备与图书馆相关的知识能力、分析能力、信息能力，因此图书馆一方面要不断加强对图书馆员工的培训，另一方面要加大专业人才的引进力度。

信息技术和互联网技术伴随快速发展的科学技术而飞速发展。各行各业已经出现信息化深度应用的场景。作为一个社会服务性机构，图书馆要转变传统思想，走改革道路，才能顺应社会信息化发展的历史背景，进而不断推进图书馆信息化建设工作。

第六节　现代图书馆信息化建设相关技术

一、共享技术

（一）WWW 技术

WWW 全球信息网属于一种互联网技术，它由欧洲粒子物理研究中心创建而成。在应用的过程中其体现出很多优势，例如，功能强大、敏感灵活等，为用户提供了方便。全球信息网还可以支持多媒体信息，所以它一经问世便受到人们的推崇与认可，现阶段是最受欢迎、使用最广泛的互联网技术。全球信息网主要的功能就是搜索与共享信息，它为人们提供了极大方便，同时成为人们交流与互动最理想的方式，也是目前图书馆网络服务的首选方式。

图书馆信息服务形式包括检索查询，例如，数据库检索、光盘检索、书目搜索、期刊搜索等；在线图书馆，即在网络平台上进行书籍资源的浏览；网上教学，指在线进行课堂的教学或下载网络课程等；交互信息，例如，在线问卷调查、招聘信息、图书馆各种公告、评论与留言等；多媒体资源服务，即关于音频或视频的讲解。还有早期信息服务的 Web 形式，比如，预约、续借、新书推荐等。除此之外还包括参考咨询、储存服务、原文件传输等。

（1）E-mail 通信。即电子邮件通信，其服务的范围指向全球，具有快速、简单以及经济的特点。现阶段这种通信方式的使用率遥遥领先。图书馆应该加大力度创建更多的网络信息服务方式，E-mail 通信就是其中非常重要的信息服务方式。图书馆所提供的信息服务可以是付费的方式，即用户支付固定的资金就能够使用网络信息服务平台，同时利用网络服务方式接收图书馆的各种信息，例如，期刊、文献等。

（2）FTP 方式。即文件传输协议，是现今应用非常广泛的信息服务方式，同时也是收集信息的主要途径之一。使用者只要掌握特定信息资源的主机位置，就能够匿名登录收集信息资源。大容量的信息与文件在传输时具有简单、快速的特点。例如，用户下载相同文件时，在不同的服务器上其传输速度也具有差异，在 Web 服务器上最理想的速度可达到 200～300kb/s 以上，而 FTP 最快的速度为 3～4Gb/s。文件传输协议是图书馆网络信息服务中至关重要的一种服务方式，图书馆可以将大量的信息资源存放至 FTP 服务器上，方便用户下载。

（3）BBS 系统。即公告牌服务，属于电子信息服务系统。用户能够在此系统中发布信息、发表意见以及交流互动等。开通信息服务系统后，用户能够随时随地地进行咨询并请求帮助，进行没有互动的交流，图书馆还能举办讲座、发布公告等。用户不仅可以在 BBS 系统中收集各种资源，也可以在此系统中将自己的观点意见反馈给图书馆。BBS 系统的开通可促进图书馆网络信息服务的发展。

（4）Proceeding Intranet 技术。这项技术以 TCP/IP 标准协议为前提创建，早期的服务方式基本上是文件传输、新闻发布、远程上机等，现阶段主要的服务方式有电子出版与贸易、资源的分享等。除此之外，TCP/IP、HTML 以及 Web 等技术也能够用于创建网络信息服务系统。

互联网技术代表着新时代的网络服务方式。在全球范围内已经成立的 Web 服务器有五十多万个，其中一半以上都是 Intranet 应用。在中国范围内，Intranet 的应用越来越广泛，从早期的客户端单层服务发展为现在的多层服务，从早期仅有的信息发布功能发展为现在的实际事务功能。通常情况下，Intranet 的应用倾向于以下四种：第一种是应用最广泛、最基本的信息发布和分享；第二种是 Intranet 的电子邮件，它促进了集团运营的效率，具有快速性与方便性的特征；第三种是 Intranet 的协同工作应用，它将零散的子单元有效地连接起来，进而促使其自由交流，例如，讨论组、视频会议等，利用群件，既可以实现机构之间的协同工作，还可以在 Intranet 上创建虚拟形式的办公室；第四种是在多层服务器端的前提下，实现对信息资源的有效管理以及为商业电子贸易提供决策支持。

（二）超文本与超媒体

1. 超文本

超文本指具有特殊性的文字，当点击这些文字时将会自动跳转至其所链接的页面，而此页面所属的服务器并没有限制，它也许在本机上，也许在其他服务器上。

（1）HTML。在网络系统中应用的全部文件几乎都是选取 HTML 进行输入，其全称为超文本标记语言。HTML 起源于欧洲粒子实验室，早期经常应用在标志性语言的沟通中，现阶段经常应用于 Internet 中。HTML 作为一种简单的标记语言，还可以应用于两个不同平台之间的转换，人们常将其用来设计 Web 页面。HTML 文件是一种内嵌代码的 ASCII 文本文件，它包含格式标识符与超文本链接两个组成部分。

（2）URL。URL 为"uniform resource locator"的缩写，通常翻译为"统一资源定位器"，也就是人们常说的网址。如果在本机上，网址的一般形式为"C：\PWIN98\PEVGUIDE.HTML"。

2. 超媒体

超媒体指通过使用超文本引用链接而具有差异性的文件，例如，声音、动画、图片等，在网络信息服务的情况下，拥有多媒体功能的超文本可以与图书馆多媒体进行融合。超媒体实际上是超级媒体经过缩写形成的，其大概意思是多媒体超文本，即通过多媒体的形式展示一些重要文件信息。

早在 1996 年，超媒体这个词汇逐渐被流传，它在属性上是一个技术词汇，拥有比"多媒体"更高的"能量"，尼葛洛庞帝在作品《数字化生存》中提到超媒体是以超文本为基础产生的，它属于超文本的衍生产物。曾经有人指出超媒体相当于"多媒体+Internet"。

（三）多媒体及其数据库技术

多媒体技术指通过计算机将文本、声音、图像等不同的多媒体形式进行结合产生的综合性的多媒体方式，进而保证这些多媒体的链接符合逻辑性，同时对它们实施收集、编辑、加工以及储存、呈现等。也就是说多媒体技术实际上是将图、文、声以及计算机技术进行有效结合的过程。它体现出交互性、实时性以及数字化等特点。

一些信息资源，如文本、音频、图像等，经过数字化加工后，经常以多媒体信息库的形式进行存储，并且由多媒体信息库管理系统进行管理。与多媒体信息库有关的技术主要有三种：扩充关系信息库技术、超媒体信息库技术和以对象为主导的多媒体信息库技术。

二、信息采集技术

信息采集技术即以用户需求为主，针对相关信息加以搜索并做出选择，从而实现信息聚合并集中的过程。从广义上来讲，信息的采集主要来源于社会、数据库及馆藏文献等，也包括采集信息机构及计算机数字化信息采集过程。信息生成数字化的过程，具体包括文本、图像及音频数据等计算机采集过程。数据的采集是信息处理系统的基础，同时分析及过滤数据系统中的数据，为决策提供信息依据。

（一）文本生成技术

在信息技术及计算机技术日益普及的今天，如何将汉字方便、快速地输入计算机中已成为关系到计算机技术能否在我国真正普及的关键问题。

自动输入与人工输入是汉字输入计算机的两种方法。自动输入分语音识别输入和汉字识别输入两种。汉字识别问题在数量众多的汉字影响下，会出现超多类模式集合的分类问题。手写体识别技术、印刷体识别构成了汉字识别技术。联机与脱机构成手写体识别。就难度程度而言，如果站在识别技术的角度，印刷体识别没有手写体识别的难度高，脱机手写体的难度在手写体识别中又远远超过了联机手写体识别。手动输入具有劳动强度大且输入速度慢的特点，通常来讲使用者在每分钟内智能输入 40～50 个汉字。这种输入方法无法满足图书情报管理、文档管理、大量文字资料的办公自动化等场合的需要。此外，人工输入方式在不断升高的劳动力价格影响下，将遭遇经济效益的挑战。

（二）图像扫描技术

通过特殊的数字化设备，转化光信号为数值，然后依照特定格式对其进行组织，从而可以得到计算机中的图像。数字化设备指的便是数码相机、图像采集卡及扫描仪等，其中扫描仪可直接扫描图片、已有的照片等，从而将图像进行数字化处理，最终对一组数据进行存储。而"抓图（capture）"电视、录像带上的信号，可以捕获选定的帧并对其数字化。

搭配计算机及新型数码影像设备，通过互补金属氧化物半导体（complementary metal-oxide semiconductor，CMOS）或电荷耦合器件（charge coupled device，CCD）并将其作为光电转换器件，然后通过数字信号形式直接记录被摄景物，从而将其存储于存储器、存储卡或软盘中，可以使其便于在计算机中进行处理，这是数码相机的特点；另外一种设备称作扫描仪，它常适用于计算机的输入设备，是一种具有机械及光电一体化的高科技产品，其在形成之初便具有独特的数字化"图像"采集能力，其性能优良，价格低廉，很快得以发展及推广。

（三）音频采集技术

作为一种时间信号，具有一定的连续性，这是音频的特点。当话筒因为声音发生振动时，将会产生一种电信号，然后其可以通过模拟音频技术电压的幅度进行模拟，从而得出声音的强弱。

该模拟信号产生的波形以连续平滑的特点出现在时间轴上，针对该信号的特征，计算机可通过波形的幅值对每个固定的时间进行采样，从而获取一系列数字化量，并对声音加以标识。在某一个特定的时刻对音频信号的测量叫作采样。

每秒钟采样的次数称为采样频率，单位为Hz。根据奈奎斯特采样定律，要从采样中完全恢复原始信号波形，采样频率必须至少是信号中最高频率的两倍。所以CD标准的采样频率至少是人耳所能听到的声音频率上线20kHz的两倍。实际使用CD标准的采样频率为44.1kHz，这样，人耳能够听到的声音频率成分均可以恢复。由于不同质量的声音其频率覆盖的范围不同，在实际应用中，可以根据声音的类型和质量要求，选择采样频率。如语音的频率范围是3.4kHz以下，使用7kHz采样即可。

在数字音频中，把表示声音强弱的模拟电压用数字标志，如 0.5V 电压用 20 表示，2V 电压用 80 表示等。模拟电压的幅度，即使在某电平范围内，仍然可以有无穷多个，如 1.2V、1.21V、1.215V……而用数字来表示音频幅度时，智能把无穷多个电压幅度用有限个数字来表示，把某一幅度范围内的电压用一个数字表示，这称为量化。

计算机内的基本数制是二进制，为此还要把声音数据写成计算机数据格式，被称为编码，以模拟电压幅度、量化和编码的关系。

（四）视频采集技术

电视机输出的视频信号、LD 视盘机、录像机及模拟摄像机等视频数据，或者视频音频的混合数据，可以通过视频采集卡将其输入电脑中，然后将其转换成电脑可辨别的数字数据，进而存储在电脑中，这便是可编辑处理的视频数据文件。通过视频采集技术将视频信号采集到电脑上，同时采用数据文件的形式将其保存在硬盘上便是视频采集卡的功能，该卡又称为视频捕捉卡，英文名为"video capture card"。在视频处理中，该工具属于必备的硬件设备，这种设备的主要功能在于将摄像机所拍摄的视频信号，通过摄像带的作用将其转存到计算机中，然后借助相关的视频编辑软件，在后期编辑处理数字化的视频信号。比如设置转场效果、字幕和音效的添加、剪切画面以及加入各种视频特效等，最后将编辑完成的视频信号转变为标准的网上流媒体、VCD、DVD 等格式，以方便传播和保存。

视频采集卡依据视频信号源和采集卡接口的不同有如下两大分类：一是模拟采集卡，采用 AV 或 S 端口，采集模拟视频信号到 PC 中，使得模拟信号转化为数字信号，进而模拟录像机、电视信号及模拟摄像机等为其提供视频信号源；二是数字采集卡，依托 IEEE1394 数字接口，通过数字对数字的形式无损采集数字视频信号，然后将其引入 PC 中，为 DV（数码相机）及其他一些数字化设备提供主要的视频信号源。

在通过使用数字采集卡对视频信号进行采集的过程中，没有出现损失的现象，从而得到同原始视频源同样的效果，而使用模拟采集卡则视频信号会有一定程度的损失。

三、网络信息资源的组织管理技术

网络信息资源管理的两种组织模式：一是按照等级或主题指南的方式将网络信息组织起来；二是用关键词对文件内容进行标引，建立一个可供查询的数据库。但从实际应用来看，由于系统设计理念和当时技术条件的限制，效果不尽如人意。一方面，它们只能提供文本信息的查询，而不能适用于超文本信息；另一方面，检索界面和指令较为复杂，一般用户不易掌握，最终不可避免地逐步为具有超文本、超媒体强大功能的万维网系统所取代。

万维网利用超文本链接向用户展示立体、多维的信息空间，使网络信息的查询和发布都变得简单而快捷，从而改变了人们的交流方式，甚至生活方式。万维网检索系统通过检索引擎和主题指南对网络资源进行组织与管理，它将关键词、自然语言检索与主题指南相结合，提供了一种查询网络信息单元的新型模式。但万维网检索系统在检索准确性和质量控制方面的不足，使其应用发展受到一定的限制。为了弥补万维网系统的不足，新一代的智能型网络信息检索系统登场了，将人工智能技术应用到网络信息资源组织、管理与检索领域，为用户提供全新的、智能化的、个性化的信息检索服务，成为现阶段网络信息资源组织与管理发展的主流方向。开发元数据对网络信息资源进行书目控制也日益成为网络信息资源组织、管理的重要内容与方法。

（1）网络信息资源的组织方式。网络信息资源的组织方式是通过对网络信息外在和内在特征的表征和序化，达到信息资源有效利用的目的。目前使用较为普遍的网络信息资源组织方式主要有文件组织方式、数据库组织方式、超文本组织方式、搜索引擎方式和书目控制组织方式五种。

（2）网络信息资源的组织方法。分类法和主题法是人类用以组织信息资源的重要方法，是从内容本质把握事物之间区别与联系的重要手段。分类的族性关联与主题的特性关联反映了人类思维的不同侧面并相互弥补。

分类组织法是一种按照科学体系或知识属性描述和表达信息内容，并依类别特征系统排列信息的一种信息组织方法，具有很好的系统性和层次性。网络信息资源具有传统信息资源不同的诸多特质，就目前网络信息资源组织的实际应用，其分类体系大体分为两类：采纳或调整传统分类法的分类体系和网络自编的指南型分类体系。

主题法是以主题语言为基础，根据信息的主题特征来描述、表达组织信息的一种信息组织方法。它以词语作为检索标识，按主题字顺序排列，直观性强。传统的主题法包括标题词法、单元词法、叙词法和关键词法，目前，主要有关键词法、叙词法和关键词法与叙词法相互结合三种形式。

（3）网络信息资源的过滤。网络信息资源的质量隐患已在很大程度上影响了人们对其的充分利用。加强网络信息质量控制，建立科学的网络信息资源评价体系和过滤机制成为网络用户普遍的期待和要求。

信息过滤是指利用特定的软件或附加应用程序，根据用户设置的过滤条件对动态信息流进行过滤。信息过滤可以使用户有选择地获取符合个性化需求的信息，排除或摒弃无用乃至有害的信息，减少用户时间、精力和财力的浪费，减少无效信息的流动，提高网络传输效率。信息过滤是开展和实现网络信息个性化服务的基础。

（4）网络信息资源组织中的计算机系统体系结构。网络信息分布在 Internet 上不同的服务器中，这种分布信息组织模式使得信息资源组织跨越了空间位置的限制，隶属于分布式信息处理范畴。在网络信息资源组织中，计算机系统的信息检索结构和信息处理方式有主机——终端式体系结构模式、文件服务器体系结构模式、客户－服务器（C/S）体系结构模式和浏览器－服务器（B/S）体系结构模式四种。

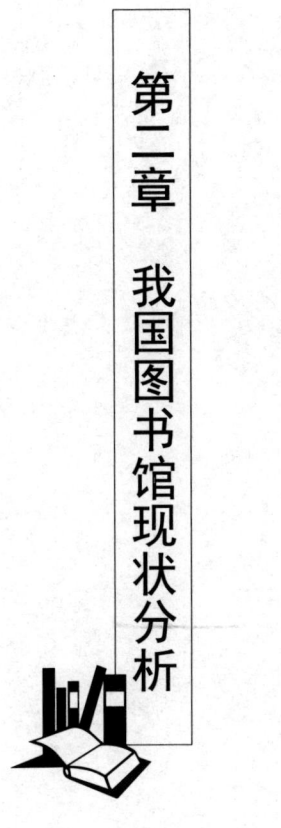

第二章 我国图书馆现状分析

图书馆是社会知识与信息保存、传递与扩散的重要机构之一，已经存在了数千年。近年来，随着互联网络在全球的日益普及，人类社会的信息交流渠道不断增加，图书馆作为社会信息交流中心的地位逐渐被削弱。基于此，本章从图书馆建设事业获得迅速发展、图书馆现代建设取得历史突破、文献资源获得较大发展、图书馆法制建设和业务规范初见成效、文献信息服务出现新面貌等方面，分析我国图书馆现状。

第一节　图书馆建设事业发展及其现代化

人类社会与文明的进一步发展，建立在对人类既有的科学技术、文化、经济等成果继承的基础之上，没有继承，就谈不上发展，而图书馆正是这样一种人类文明在时间和空间中得到传承的不可或缺的中介性机构。

如今，知识和经济高速发展，知识和信息已经成为十分重要的资源，进行信息和知识管理十分重要，而图书馆是社会信息资源管理机制中十分重要的一个环节，在社会发展过程中有着不可替代的作用。图书馆属于社会信息资源的管理场所，在信息高速发展的时代，为信息保存和整理做出了巨大贡献。

在社会结构中，图书馆是不可或缺的一部分，它将社会中的文化教育和科学组成到一起，为社会储存文献，对继承和发扬知识成果做出贡献。如今，社会面临众多文化和经济任务，图书馆的职能可以帮助人们完成这些任务。图书馆的发展水平直接反映出文化经济和科学等各种领域的成就。因此，通过观察图书馆的发展程度，可以观察一个地区的社会发展水平。

随着国家对精神文化建设的重视，图书馆的建设事业有了长足发展，并越来越普及，越来越成熟。21世纪，我国图书馆所要达到的目标是要实现现代化，实现自动化管理，并由现代化带动图书馆事业的全面繁荣。我国图书馆伴随着新世纪的曙光，将走上新的发展征程。为此，了解我国图书馆的现状，根据我国国情牢牢把握好图书馆未来的发展走向极为重要。

图书馆在21世纪开始有了新目标，即实现图书馆现代化，以使图书馆能够反映社会发展需要，而这个目标在20世纪八九十年代已经初现端倪[1]。40年弹指一挥间，图书馆在改革开放之后发生了巨大变化，并且在这一过程中，暴露了自身问题。

---

[1] 邓杰明. 浅谈公共图书馆法治化建设 [J]. 图书馆工作与研究，2019(3)：62-66.

如果将 19 世纪末 20 世纪初的中国图书馆称为封建式图书馆，那么，20 世纪末 21 世纪初的中国图书馆就是现代性的图书馆，这是图书馆进行转型的时间转折点。其中，第二次转折点更加具有深度和广度，并且具有复杂性。在进行转型时，人们思考的是研究新的情况和解决新的问题。新时代下，知识和信息对于人类的生存是十分重要的。未来的社会图书馆会有十分重要的地位，会在新世纪更加繁荣地发展。

一、图书馆建设事业的发展历程

图书馆事业的发展受到经济、社会和文化发展水平的制约，不同国家对图书馆事业的整体建设既相同又不同。

发展图书馆事业应当适应科学文化教育以及国民经济的整体发展水平。经济基础决定上层建筑，根据这一原理，可知图书馆的发展水平也受到经济基础发展水平的制约。经济基础的发展水平，从根本上决定了图书馆的发展水平；经济基础能够为图书馆事业的发展提供一定量的物质条件。图书馆事业是科学文化教育事业的组成部分，所以应当通过发展科学文化教育，带动图书馆事业的整体发展。

1949 年中华人民共和国成立，标志着我国图书馆事业建设的开始。70 余年来，我国图书馆事业发展大体经历了以下六个阶段。

第一个阶段为 1949—1957 年，是我国图书馆事业健康发展、稳步前进的阶段。

第二个阶段为 1958—1965 年，是我国图书馆事业受到影响，发展大起大落的阶段。

第三个阶段为 1966—1976 年 9 月，是我国图书馆事业遭到严重破坏的阶段。

第四个阶段为 1976 年 10 月—1984 年，是我国图书馆事业获得迅速而全面发展的阶段。

第五个阶段为 1985—1991 年，是各类型图书馆全面进行改革、探索办馆模式的阶段。

第六个阶段为 1992 年至今，是我国图书馆深化改革的阶段，也是我国图书馆建设的新高峰。

经过约 40 年前所未有的辉煌时期，我国图书馆得到很大发展。

（一）公共图书馆

在中华人民共和国成立之初，我国仅有 52 所图书馆，至今 70 余年来，我国图书馆数量增长十分快速。其中，八成的县城已经建立起公共图书馆，有许多省份也建立了公共图书馆舍，县以上的图书馆建筑面积也以很快的速度在增加。在我国图书馆中，1/3 图书馆对馆舍进行了建设，整体建筑面积达到约 4 万平方米。可见，公共图书馆建设的规模较大，建造速度较快，正处于飞速发展中。

（二）高等院校图书馆

某种意义上来说，高等院校的图书馆是民族脊梁，可以对学生进行知识的传递。目前，我国高等院校中的绝大多数都有自己的图书馆。而在中华人民共和国成立之初，我国的高等院校图书馆只有 132 所。

（三）科学和专业图书馆

科学和专业的图书馆有很多种，包括中央国家机关、国家一级总公司下属的研究院所所属专业图书馆等。

（四）少数民族图书馆

少数民族图书馆肩负着传承中华优秀传统文化的重要使命，只有确保少数民族图书馆的建设及发展方向，才能保证中华优秀传统文化的传承。少数民族图书馆在具备公共图书馆的基本服务项目外，更为重要的工作就是做好中华传统文化的传承工作，这也是其重要的社会责任。

（五）基层图书馆

基层图书馆指乡镇图书馆、城市街道图书馆、社区图书馆、工会图书馆、少儿图书馆和中小学图书馆，直接面向基层，为广大民众服务。如今，乡镇图书馆已经有4万多所。随着"万村书库"工程的开展，农村图书馆已经建成6万多所。工会图书馆或者工会图书室有16.9万所。一些小学和中学也建成了自己的图书馆，其中有基础较好的中小学图书馆近10万所。独立建设的少儿图书馆有80余所，其中5所是省级的、8所是副省级的、43所是市级的，另有2000个富有特色的儿童阅读室。此外，汽车图书馆也是一种典型的基层图书馆，约有160多个，一些乡民可以在此方便地进行阅读。与此同时，社区图书馆也在发展建设中。

改革开放对图书馆事业起到了极大的推动作用。在图书馆基本建设方面，其发展十分迅速，尤其是近几年，图书馆的馆舍正在飞速建造。通过图书馆馆舍的建造，可以对图书馆的整体条件进行改善，也可以让图书馆成为一个地区或者国家标志性的建筑。我国1987年建成国家图书馆，占地面积为13万平方米，是亚洲最大的图书馆，世界排名第五。上海图书馆的面积为8.3万平方米，世界排名第七，是整个上海信息存放的最大基地。此外，图书馆具有十分强大的硬件设施和整体的综合服务能力，并具有良好的公众形象。

二、现代化图书馆在我国迅速发展

信息技术和科技技术的不断推进，促进了信息化社会的发展。随着人们生活节奏越来越快，现代化水平越来越高，以往的图书馆已不能适应社会的发展需求。因此，这种需求促进了现代化图书馆的诞生。近年来，大量现代化技术不断涌现，图书馆发展在利用这些现代化技术后，呈现出创造性的发展态势，这让图书馆的事业发展上了一个新台阶。

随着信息化社会的到来，网络技术和信息技术得到空前发展，为人类的进步创造了非常利好的信息空间和发展空间，也让图书馆面临着前所未有的机遇和挑战。图书馆的发展趋势必然要顺应信息化时代发展要求，向着服务的社会化、发展的集约化、资源的数字化和馆舍的虚拟化等方向发展。

信息技术的不断发展和普及，让数字化图书馆的建设成为一种必然趋势。为此，图书馆行业针对数字图书馆的建设展开了激烈讨论。对所有资源的存在形式、载体和文献信息都予以数字化处理，这是资源数字化的本质含义。馆藏资源数字化和社会资源馆藏化是资源存在形式数字化的两个重要方面。

一是馆藏资源数字化。根据各馆的特点以及日后发展的规模，确定数据格式标准（包括字段数量等）、收录范围、时间段和载体形式等，再根据《非书资料著录规则》等标准，对馆藏资源进行数据收集与加工。数据加工包括书目编制、文献著录、文字录入、扫描、图片处理等，然后建立专业的、特色的文献数据库。建立文献数据库还需要依据《数据库著录规则》《元数据的标引规则》《数据库主题标引规则》《数据库分类标引规则》等规则，为高质量完成建库任务打下良好的基础，为后期数据库软件研制工作提供保障。

二是馆舍虚拟化。伴随全球网络化的迅速发展，互联网已成为人类有史以来最大的信息资源网络，在网络环境下，图书馆资源结构发生了深刻变化。在信息时代的知识社会里，图书馆不再是一个独立的实体，而是信息社会系统中一个知识功能模块。在实体馆藏资源基础上，应建立具有联机检索功能的数字化图书资源。任何图书馆如果离开数字化图书资源，而仅依靠自身有限的实体馆藏资源就想提供广泛的服务，是不可想象的。因此，在互联网上建立一个统一的、全面共享的、高速的、安全的、不受时间和空间限制的、随时随地可使用的智能化虚拟图书馆，是非常有必要的。

图书馆在服务社会的过程中，可以方便地引进外部资源，如资金、技术、管理等，借助外部力量进一步深化其内部改革，让图书馆更好地为高校教学和科研服务，并进一步为社会提供更为广泛的信息服务。如今，图书、信息已走向市场化，中华知识网、中国期刊网、万方数据、维普中文期刊等网上资源与图书馆的强强联手（通过建立镜像站等形式），为图书馆提供了强大的外部资源活力。绝大部分图书馆面对市场经济不能再是冷眼旁观，而应该把目光投向市场、投向长远，服务社会化是图书馆走向市场的重要途径。

知识经济时代的到来，信息技术的大力发展和普及，激发了人们的信息意识，让人们对信息的需求日益增长，也让信息得到了更加有效和广泛的应用，为图书馆提升文献信息资源管理的效率创造了条件，并要求图书馆提供更为完善和全面的读者服务。作为学校文献信息中心，高校图书馆是信息化发展的重要实践地，为了更好地履行自身职责、增强自身的业务能力，图书馆要加强完善信息服务工作，在为读者提供服务时，始终贯彻执行服务至上、读者第一的原则，从而有效争取到更多的读者，增强读者的忠诚度，并在发展过程中不断改进服务策略和方向，以顺应时代发展要求，给读者提供更好的服务。

应注意读者服务对象的延伸。图书馆在发展过程中，应大量结合现代通信技术、电子计算机技术和网络技术等高新技术优势，让图书馆的发展取得质的飞越。随着网上读者的不断增加，图书馆读者范围得到进一步拓展，从而使图书馆建立一个比较稳定的读者群体。这些网上读者不但有高校的师生和教职工，还包括部分社会读者，他们为图书馆文献信息和特色馆藏资源发挥最大价值创造了条件。读者对象的不断拓宽，是对传统图书馆自我封闭的一种突破，有助于完成全面开放的社会化发展历程，使得图书馆在信息时代发展过程中履行更多的社会职责，从而更好地发挥服务大众和社会教育的作用。

图书馆工作在信息技术和网络技术的推动下，其管理方法越来越现代化和信息化，其分工也越加细化，合作更加频繁，对信息资源和经费的利用程度都有所增强，有利于图书馆的整体提高和集约化管理。

日益发展的信息化社会对图书馆的发展提出了新的要求：首先，社会发展对信息量的需求不断增强，任何一个图书馆要依靠馆藏满足读者需求已不可行；其次，传统的图书馆运行模式已经无法适应信息化社会的发展需求，各种新型的图书馆模式，如虚拟图书馆、数字图书馆应运而生，图书馆需要以此适应社会不断增长的信息量需求。因此，高校图书馆有必要进行整合和协作，实现资源共享。在信息技术和网络技术的强力推动下，高校图书馆可以突破时间和空间的束缚，为信息资源的共享提供条件。

图书馆的工作方式随着通信技术和计算机技术的发展而产生重大变化，呈现出更加系统化和整体化的特点，并向着局域网络化方向发展。图书馆作为社会的其中一个信息资源中心，利用网络对信息资源进行公示和共享也是一个重要发展趋势。现代化的图书馆以其精密的组织结构和信息处理技术的有形化，成为图书馆网络发展的一个潮流。此外，在未来社会发展中，图书馆将不再只是一个文化信息的保存馆，而是人们素质教育和知识教育的一个发源地，不但具备知识资源和信息资源的收藏功能，更重要的是为人们的信息资源获取和查询提供途径，让不同文化程度的人们都有终身学习的场所。

图书馆提供的服务不再局限于馆内读者，而是延伸到网络上的读者，并为他们提供远程教育服务，从而真正实现人们终身学习的需要。图书馆的馆藏将获得拓展，从而兼具美术馆、纪念馆和博物馆等功能。然而，图书馆最大的特征在于，图书馆不仅对信息资源和知识资源进行保存，更为重要的功能是发挥这些信息资源的作用，使其价值得到最大化地发挥，从而提高人们的文化修养。从这个层面来看，图书馆终将会发展成为一个重要的素质教育基地。

通信技术和交通技术的发展，尤其是高速信息传输网络的建设，让图书馆业务合作也越加紧密和频繁，为人们的学术交流创造了有利条件。此外，网络的巨大容量、快捷的传输方式和便捷的共享性质，为图书馆的信息化发展注入了强劲的生命力。通过网络，人们可以查询到世界任何一个地方的信息资源，可以进行交换书目信息和联合编目的工作。因此，图书馆的工作人员要转变工作理念和观点，要具有敏锐的洞察力和开放性的思维，接受新事物、迎接新挑战，确保自己的专业服务素养可以顺应时代发展要求。同时，知识经济社会的到来，让人们对图书馆有了更高的要求，需要其交流形式、服务形式和载体形式能够满足个人的不同需求，这也要求图书馆在发展过程中能够认识到自身不足，摒弃旧的理念和旧的思想，为图书馆的发展提供支持。

（一）现代化图书馆发展前景

现代技术在图书馆的应用是一个从低级向高级的发展过程。如今，科学技术仍然处于高速发展的状态，现代化的高新技术与计算机相结合，让电子图书馆的建立成为现实。

第三次技术革命让自动化成为现实。自 20 世纪 70 年代开始，第四次技术革命正式开始，其重要标志是信息化技术的出现，各行各业开始趋于智能化。第三次和第四次技术革命的主要对象是信息处理，标志着信息化时代的正式到来。图书馆是信息行业的一个重要组成部分，随着信息化时代的到来，各类信息数量开始呈爆炸式增长，读者对图书馆服务质量及内容的要求也越来越高。图书馆如果按照传统的工作方式为读者提供服务，已无法满足时代发展的需要，所以必须引入新技术和新理念。目前，被图书馆所运用的新技术有很多，包括复制文献技术、监测管理技术、文献存储技术、信息通信技术、自动化传送技术以及计算机技术等。

我国在 1976 年将计算机正式引入图书馆管理中，到了 20 世纪 80 年代初，提出要将传统图书馆向着现代化图书馆转变。随着科学技术的进步，计算机技术发展突飞猛进，汉字信息的相关技术也取得了长足进步，很多现代技术被引入图书馆的管理中。例如，声像技术被广泛运用于图书馆管理系统中，计算机技术开始朝着实用化的方向快速发展，光盘、集成系统、数据库、云计算等先进技术也开始在图书馆领域得到运用与发展。

（二）现代化图书馆的相关应用

现代化图书馆主要通过现代化科技手段对图书馆进行完善，从而得以广泛应用。现代化手段在图书馆的应用主要体现在以下三个方面。

1. 计算机技术的应用

现代社会的发展，各行各业都离不开对计算机的应用，与其他设备相比，计算机有着独一无二的通用性。对于当代信息技术来说，计算机如同"心脏"，在各类现代化技术中居于核心和主导地位。计算机技术被广泛运用到图书馆管理的各个环节，比如文献资料的检索、标引，资料的流通、编目，图书资料的采购、咨询服务以及内部管理等。图书馆之间还可以借助互联网与计算机技术，实现文献资料的互借以及编目的联合组织等。通过图书馆自动化管理系统，图书馆工作人员不必再被束缚于重复、烦琐、枯燥的机械化劳动中，工作质量和效率有了明显提升。

此外，图书馆还能够利用现代化技术以及人力资源开发新的服务项目。随着先进的统计技术出现，图书馆各方面的情况都能够被及时、准确、详尽地统计出来，这为管理人员的决策提供良好的基础。同时，计算机还能够联结、转换和控制其他设施设备，将图书馆的先进设备联结成一个高效整体，有效提升图书馆的服务质量和水平。

计算机的应用发端于 20 世纪 70 年代中期，中国科学院图书馆、中国科技情报所、北京图书馆分别成立了计算机开发和应用的专门机构。经过 10 多年的发展，我国图书馆已经由管理自动化逐步进入网络发展阶段，先是局域网，如中关村地区图书馆信息网、军队院校图书馆网络系统、医学系统的文献信息网、中国教育科研计算机网络等，这些网络系统的建成为图书馆网上互访创造了条件，现已发展到与国内、国际主要信息网络互联，实现图书馆在网络环境下的管理与服务。

过去十几年，我国图书馆非常重视数据库的建设，一方面从国外引进CD-ROM数据库，另一方面着手自建数据库或购买国内数据库。这些数据库有以下种类。

（1）文献信息数据库，有书目型数据库、文献题录或文摘型数据库、全文数据库等。书目型数据库，最具代表性的是北京图书馆生产的"中国国家书目光盘数据库（1998年至今）"、中科院文献情报中心生产的"西文期刊联合目录数据库"等；文献题录或文摘型数据库，如中科院重庆分所研制生产的"中国科技期刊文献数据库"、上海图书馆研制生产的"社科报刊文摘数据库"等；全文数据库，如清华同方光盘集团开发的"中国学术期刊"（光盘版），其包括了国内出版的3000多种学术期刊的全文数据，北成集团生产的"《人民日报》全文光盘数据库（1949年至今）"等。

（2）数值型和事实型的专门数据库，如成果数据库、产业数据库等。以中科院为例，该院文献情报中心组建的"CSDD中国科学文献数据库"，是由数学、物理、化学、天文、地理、生物、光学、计算机、稀土、腐蚀等10多个数据库整合而成，现已发行光盘。万方数据集团还建立了"中国学位论文数据库""中国科学技术成果数据库""中国企业公司及产品数据库"，化工部信息中心的巧思公司编制了"中国化工产品数据库"等。

从书目数据到全文数据，从在局域网上提供CD-ROM光盘数据库服务到联机检索、提供上网服务，人们通过网络便可从中查询文献线索，获取文献原文，获得所需要的各种知识、信息，图书馆因此迈入文献资源数字化、网络化的进程。中国数字图书馆工程建设是一项宏伟的系统工程，将给图书馆事业带来一次难得的发展机遇。

2. 现代通信技术的应用

通信技术指基于网络化、电子化的现代通信技术。传统通信技术的主要功能是沟通信息，而计算机是现代通信技术的核心，现代通信技术还包括卫星和光纤通信技术。运用这些技术不仅可以针对信息进行便捷沟通，而且可以对信息进行管理、分配和咨询。图书馆引进现代通信技术后，图书馆所有部门以及这些部门的计算机就被联结成一个高效的整体，各个图书馆也被纳入自动化网络中。现代通信技术可以快速、准确地传送图像、文字、声音等信息，比如通过光纤通信，4万册图书内容可以在1小时内从美国华盛顿传送到洛杉矶。有了这种信息技术支持，图书馆之间的文献资料互借成为可能，而且效率还很高。文献信息在馆际互借传递，而原件却不用离开其藏馆，不仅节约了人力、物力和财力，还提高了工作效率。

3. 存储技术的应用

图书馆的存储技术主要指声像技术和高密度存储技术。传统图书馆收藏、贮存的主要是印刷出版物，这种类型的图书馆有其局限性，即文献资料的容量较小，文献资料的传递速度慢，会对资源造成浪费。随着信息时代的到来，迅速膨胀的信息量会令传统图书馆无力应付。现代信息以及计算机技术的快速发展，使得存储技术也获得长足发展，各类存储量大、速度快、性价比高的储存技术被引入图书馆的管理中。

近年来，国家对于文献资源的建设与管理给予高度重视，图书馆管理人员已经意识到文献资料共享的重要性，并对此达成一致共识，正在逐步建立全国性的文献资料合作网络，有关方面已经制定合作原则，合作章程也正在完善中，文献资料的共建以及共享局面已经初步达成。此外，我国还在全国范围内组织开展文献资料调查研究活动，全国各地文献资料的收藏情况被基本摸清，为文献资料的合理调配打好基础。各地、各单位的图书馆开始按照规范化标准对文献目录进行编制和整理，并借助计算机技术开始着手建立数据库群。经过努力，目前全国图书馆文献资料共建共享已经有了初步进展，已建立起一批行业性和地区性的文献资源保障系统。

如今，越来越多的技术手段被运用于图书馆的管理与建设中，主要表现在：一是引进文献复制技术，该技术能够对文献资料进行复制并提供给有需要的读者使用；二是引进文献保护技术，该技术能够避免或减少珍贵的馆藏资料遭受损坏；三是引进监测技术，该技术能够对文献实施保护，防止被破坏或偷盗；四是引进自动化传送技术，此技术能够令图书馆管理人员的劳动强度大大降低，并从根本上提高文献传递的效率。

可以看见，现代图书馆在我国发展取得持续进步，尤其是改革开放后的40多年来，现代图书馆的发展有了质的飞跃。我国图书馆的发展速度快、数量增长幅度惊人,发展质量更是有了巨大提升。现代化的图书馆为人们的阅读、资料查询等带来了便利性,随着技术不断进步,现代图书馆的发展将会更上一层楼。

第二节　图书馆现代建设取得历史突破

不同时代，图书馆承载着不同的功能。现代化社会，人们对于现代图书馆有了不同要求，传统的图书馆模式已经完全不能满足人们现在生活需要。自20世纪80年代开始，随着科学技术的发展，中国图书馆开始了自身现代化的进程。

一、缩微技术的应用

早在20世纪70年代，微缩技术已被运用到我国图书馆中。1984年7月，文化部成立了全国公共图书馆缩微复制中心，并在全国14个省、市图书馆先后设立了缩微点，缩微中心还为各地缩微点装备了成套缩微设备，帮助培训人员，对古籍善本、报纸期刊等珍贵资料有计划地开展拍摄工作，拍成的缩微品经中心检验，合格品的母片由中心保存。

二、声像技术的应用

20世纪80年代后期，声像技术在我国图书馆也普遍得到应用，一般大中型图书馆都购置了视听设备和视听资料，开辟了视听阅览室、多媒体光盘阅览室。尤其值得一提的是，人民解放军总参训练部投资近千万元，为军事院校统一制作并陆续发放全套的视听设备。

三、网络技术的应用

图书馆管理网络技术的应用，目前在中国的图书馆中非常普遍。经过几十年发展，我国图书馆已经由管理自动化逐步进入网络发展阶段，先是局域网，如中关村地区图书馆信息网、军队院校图书馆网络系统、医学系统的文献信息网、中国教育科研计算机网络等。这些网络系统的建成为图书馆网上互访创造了条件，现已发展到与国内、国际主要信息网络互联，实现图书馆在网络环境下的管理与服务。

四、多媒体技术的应用

多媒体技术的应用，使得图书馆的现代化进程又上了一个新台阶，是未来图书馆的发展方向。多媒体技术在图书馆领域的应用主要体现在多媒体图书馆的建设与使用上。相较于传统图书馆主要提供平面印刷媒体，多媒体图书馆所提供的媒体形式包含印刷媒体、视听媒体、电子媒体、连线数位媒体等，如交互式光碟、数位影音光碟、影音光碟、音乐光碟、激光光碟、录像带、幻灯片、录音带等[1]。多媒体图书馆是图书馆的一种，现今的图书馆已走向提供多媒体资讯的趋势，是图书馆发展的趋势。

五、数字化技术的应用

数字化技术发展、信息高速公路的建设与利用，为大规模的信息系统、图书馆系统的发展提供了环境和条件。目前，网络信息管理技术、数字化处理技术和数字式信息资源建设已成为国际竞争的焦点，各国都为此进行了研究和开发。"数字图书馆"这一新概念、新模式应运而生，并被视为未来图书馆的主要发展方向之一。

数字图书馆的结构模式：在网络环境下是一个面向对象的、分布式的网络结构模式，可以在多种不同计算机系统中运行。一个数字图书馆的构成，主要包含用户接口、预处理系统（又称调度系统）、查询系统和对象库等基本构件。

数字图书馆有电子图书馆、网上图书馆等。电子图书馆侧重对收藏特色的概

---

[1] 张垒. 我国图书馆学科建设与图书馆事业互动发展研究[J]. 图书馆建设，2018(9)：13-17，26.

括，收藏品基本为电子读物，阅读手段一般通过电脑，不一定提供网上信息或上网服务。网上图书馆的任务是收集和整理网络上的各类信息，将其提供给有需要的读者进行检索和查阅。此类图书馆并不一定有实体性的图书馆，可以将其看作是初级形态的数字图书馆。此类图书馆也被称为"虚拟图书馆"，主要特征是非实体性。

当"数字图书馆"这个概念一提出，世界各国给予了极大关注。很多国家开始集中力量研究和开发数字图书馆这种新的图书馆形式。随着数字地球的概念、技术、应用领域不断发展，数字图书馆已成为数字地球家族的成员，为信息高速公路提供必需的信息资源，是知识经济社会中主要的信息资源载体之一。

现阶段，我国图书馆事业得到快速发展，在图书馆的管理与建设过程中，互联网以及计算机等先进技术开始被广泛运用，现代图书馆的建设步伐明显加快。现代图书馆已经不再是为读者提供一个借阅图书资料的场所，它有了越来越多的服务项目，越来越个性化的服务内容。随着科学技术的不断进步，在图书馆从业者不断努力下，我国文献资源的管理与服务将会有越来越好的发展空间。

第三节 文献资源获得较大发展

近年来,我国图书馆文献积累成倍增长,文献建设成效显著。图书馆为科技发展和社会进步提供了充足的文献资料,文献资料与图书馆建设相辅相成、相互促进。多学科的文献资料或者独一无二的学科资料将成为图书馆的特色优势。高水平的图书馆建设能够集合更多的文献资料提供给公众。

一、文献资源的发展历程

全国性的文献资源建设始于 20 世纪 50 年代。1957 年国务院颁布了《全国图书协调方案》,成立了北京、上海两个全国性中心图书馆委员会和 9 个地区中心图书馆委员会,进行外文书刊采购协调,编制中文、俄文、西文、日文等文字期刊的联合目录和 18 种全国性专题联合目录,这标志着文献资源建设拉开了序幕。纵观文献资源发展历程,可以将其分为三个阶段。

一是雏形阶段(1957—1989)。该阶段主要进行文献资源目录编制,提出文献资源共享概念。国家科委和文化部制定《1963—1972 年科学技术发展规划(草案)》,进一步提出全国文献资源整体规划建设意见,包括界定、巩固、强化中心图书馆和专业图书馆,设立图书馆协作区,加强联合目录和集中编目的工作等。1980 年第一次关于图书馆联合目录工作会后,全国各地图书馆界开始开展联合目录的编制工作,如北京图书馆编制的《全国西文连续出版物联合目录》,中科院文献情报中心编制的《中国科学院西文期刊联合目录》,北京大学图书馆等单位联合编制的《西文图书联合目录》等。

1980 年 5 月 16 日,中共中央书记处批复了《图书馆工作汇报提纲》,全国部分省、市、自治区恢复了中心图书馆委员会,同时开始资源共享,部分高校、科研机构、国防科工委系统、农林系统相继成立文献资源共享协调机构。1984年9月在全国高校图书馆藏书建设研讨会上，与会代表第一次提出文献资源建设概念。1986年，全国开始首次文献资源调查工作，并在1987年将其列为"七五"期间国家重点科研项目。1988年上海高校图书馆联合创建了申联文献信息技术公司。1989年部际图书情报工作会议草拟了《关于加强全国文献资源建设的意见》，强调由十一个部、委机关组建的部际图书情报工作协调委员会的主要任务之一是要组织协调好文献资源的布局与开发；同年，深圳大学等7所广东高校图书馆联合成立粤深文献处理中心，实行协作采购与合作编目。

二是发展阶段（1990—1999）。该阶段利用网络技术辅以电子产品，将文献资源建设向前推进了一大步，文献资源建设力度加大，多数图书馆将学术理论运用到实践中，资源共享体系基本成熟。1994年，上海图书馆联合上海科技文献情报中心、复旦大学等19个单位共同建立文献资源共建共享协作网。1997年，文化部在全国公共图书馆信息资源建设座谈会上拟定《全国公共图书馆信息资源建设规划（征求意见稿）》。1999年5月，上海成立了以上海图书馆为主要单位的上海市文献资源共建共享工作领导小组办公室，制定《上海文献资源共建共享计划（1999—2001）》，全市60多个图书馆组成上海市文献资源协作网，开展图书采购协调、通用阅览、馆际互借等活动。

三是成熟阶段（2000年至今）。这一阶段，大数据、"互联网+"等新概念、新理念被迅速引入文献资源建设领域，带来文献资源建设内容和方式的变革和发展，文献资源建设日趋完善。在这一阶段，馆藏文献十分丰富，门类齐全，涵盖范围广，数字图书馆星罗棋布，文献资源利用率高。

二、文献资源的地位

文献资源在70余年的发展中，其数量呈现直线上升的趋势，是不断进步的历程。在发展过程中，文献资源在图书馆建设中的地位越来越重要，其主要表现包括以下几点。

（1）国家文献资源建设受到高度重视，实现了文献资源与图书馆同步建设，达到了共建共享的目标。

（2）全国范围以及地方间文献资源合作模式正在完善，合作网络组织间议定了合作纲要，制定了合作规章，文献资源共建共享正在稳步推进。

（3）全国开展多次文献资源调查工作，摸清了全国文献分布情况和馆藏文献情况，对于文献资源合理利用和综合部署提供了理论支持。

（4）将标准化和规范化应用到数据库建设和共享目录制作过程中，其中应用计算机技术将多个数据库建成数据库集群。

（5）10多年来，在高科技的强力推动下，文献资源共建共享成效逐渐显现，特别是行业间和区域性的文献资源保障体系建设实现了突破。

三、文献资源建设

（一）高校图书馆文献资源建设

高校图书馆的主要服务对象是高校师生，其文献资源建设具有极其重要的作用。高校是教书育人的场所，是为国家培养和储备高尖人才的基地，其图书馆的文献资源应满足教学和科研需要，因此，文献资源建设也是提升高校图书馆影响力的重要因素。丰富的文献资源、构建合理的馆藏结构对于体现图书馆特色、促进特色办学具有积极的促进作用。高校建设方向决定高校图书馆的建设方向，其文献资源建设应该体现高校学科特点，走符合高校特色的路子，进一步完善馆藏结构，构建一个特色鲜明的馆藏文献资源构架，满足学科建设需要。

强化学科建设对于高校体现办学特点、提升教育水平和科研能力具有重要作用，可以进一步提升院校竞争能力和社会服务水平。学科建设在高校建设中发挥着战略性作用，是高校建设的基础性工作，对在高校图书馆中学科建设构建文献信息资源体系具有非常重要的作用。

（1）加强重点学科的文献信息需求分析。首先，确定高校定位，并重点分析重要学科的组成、层次以及发展方向，逐学科分析其特点和优势。其次，分析重点学科师生对文献种类和内容、文献信息提取形式以及文献信息的质量要求。在具体文献资源建设中要制订切实可行的存储计划，适时调整藏书结构。最后，围绕高校学科、专业、课程设置情况研究文献信息存储种类和结构，实现"重点学科全面收藏，一般学科选择收藏"，从而打造相对完整的文献资源建设体系，构建合理的馆藏结构，服务高校教学研究，支持学科稳步发展。

（2）使重点学科有足够的经费保障。在加强重点学科文献信息需求研究的同时，也要加大对重点学科文献搜集的经费支持力度。根据学校学科发展计划，加大经费对学科发展的倾斜力度，将图书馆馆藏文献经费列入高校经费预算，切实保障重要学科、重大科研项目、主要课程文献信息搜集所需资金，形成保证重点学科、兼顾一般学科、全面发展图书馆文献信息资源的格局。

（3）提高采购人员素质。高校图书馆馆藏文献结构变化，对文献采购人员形成了严峻挑战，对其自身素质和知识结构也提出了更高要求。采购人员要提升自身素质与修养，认真研究文献资料市场行情，本着用最小的投入换取最大效益的原则，采购到急需且具实用性的文献资料。同时，要不断更新自身知识结构，熟悉学科建设文献资料构成。此外，图书馆员要密切配合采购人员的工作，主动沟通图书馆文献资料需求和结构，促进图书馆管理人员和采购人员之间信息的融会贯通和相互补充，提高文献资源建设水准，完善馆藏文献资料结构，丰富文献信息资源内容，确保学科建设所需文献资料充足，进而推动重点学科建设。

（4）适时调整采购策略，适应重点学科建设需要。确立采购策略是图书馆建设的一项重要内容。宏观策略需要与学校学科发展相适应，但是在微观策略上要根据需求形成一个动态的平衡。要进一步细化每个学科的采购策略，构建合理的馆藏模式，提高馆藏质量，尤其是重点学科的采购策略更要认真对待。

（5）完善馆藏评价体系。第一，需要制定科学严谨的馆藏评价体系标准，明确馆藏评价目的，制定切实可行的原则和方法；要对标准结合佐证材料进行公平公正的评价。第二，要根据高校学科建设进展情况，适时调整评价标准；应该调查读者对文献资源建设是否满意，了解文献资料利用情况，分析相关专业文献资料的结构比例，对其进行客观评价，保障学科建设对文献资源的需求。

（二）公共图书馆文献资源建设

1. 公共图书馆文献资源开发路径

（1）举办图书展览。探索公共图书馆文献资源开发利用的路径，是图书馆员必须思考的重要课题。图书展览与推介是最直接、最直观的文献资源开发路径。图书馆可以收集、记录读者的阅读习惯和阅读偏好等有价值的信息，为后续的文献资源开发提供参考。图书展览活动在文献资源和读者之间架起一座桥梁，在一定程度上实现了供给与需求的有效对接,而且运维成本低廉、可操作性强,作为公共图书馆文献资源开发利用的路径之一,适宜深入挖掘和推广。

(2) 编制文献目录索引。编制专题文献目录索引,加强自建资源建设,是公共图书馆开发利用文献资源的又一重要路径。如果说图书展览是在给文献资源"打广告",那么编制目录索引就是给文献资源"整编",使混杂散乱的文献资源成为具有生命力的有机体。公共图书馆由于其自身定位和藏书体系的原因,馆藏的文献资源十分庞杂,大多缺少关联性。从工作实际看,文献资源的散乱必然会导致读者服务工作产生漏洞以及工作效率降低。当读者前来咨询某一类书籍,或图书馆员为图书展览活动挑选书籍时,只能依靠全馆综合的OPAC系统查询,逐条进行筛选,有时甚至由于检索点不正确或不全面,无法检索出所需的文献。从长远看,这不利于文献资源的可持续发展,将会造成文献资源价值的贬值与流失。

在当今提升公共文化服务、树立文化服务品牌的社会发展潮流下,公共图书馆需将自身文献资源打造成持续增值的有机体。而编制专题文献目录索引作为文献资源建设的重要手段之一,需要图书馆员对各类书籍深入梳理、抽丝剥茧,打破单册图书的界限,通过内在关联将其有机整合。在专题目录索引的基础之上形成专题文献,或按专题汇集有关知识信息,形成知识群落;挖掘特定知识群落的内在联系及其社会价值,形成评述文献等形式的全新文献。通过一系列的整合加工,文献资源的价值能够得到延续和再创造,文献资源将不断生发新的活力。过去编制专题目录索引的工作往往局限于地方文献的开发与利用,但笔者认为此种方式对于各类文献资源的开发都是值得借鉴的。经过加工整合的专题文献将成为公共图书馆宝贵的自建资源,为专题文献数据库的建立搭建了框架,对于打造特色馆藏、树立公共图书馆服务品牌具有重要意义。

(3) 打造社会化阅读平台与空间。打造开放互动交流平台与社会化阅读空间,是公共图书馆开发利用文献资源的又一重要路径。提升公共文化服务水平,加强文献资源建设,迫切要求公共图书馆转换角色,从单一的文献资源提供者转变为知识信息交流促进者。在移动数字阅读蓬勃发展的今天,大众的阅读行为发生极大改变,借助智能手机、平板电脑等移动阅读工具,通过各种读书 App 进行阅读体验成为潮流,如加入组群讨论、参加打卡阅读、撰写分享书评、编辑整理个人书单等。这些 App 的共同特点是确立读者主体定位,鼓励个性化表达,构建读者话语体系。这体现了一种社会化阅读的大趋势，即坚持人（读者或用户）本位的思想，重视阅读的分享、交流、互动、传播等社交行为。强调阅读与交流过程中不断增值的用户生成内容，倡导在多方位的互动基础上，实现共同传播和共同营利，无限放大阅读的价值。这种社会化阅读趋势改变了传统的自上而下的文献流动轨迹，将读者的主观能动性发挥到极致。而这种改变对公共图书馆文献资源开发利用具有十分重要的借鉴意义。文献资源开发的主体不再仅仅局限于图书馆一方，读者在其中同样扮演着重要角色。公共图书馆应转变自身定位，致力于阅读交流平台的搭建和交互阅读空间的打造，形成对移动虚拟阅读体验的实体化建构。在这种社会化阅读实践中，公共图书馆应鼓励读者自动生成对馆藏文献的二次创造，并及时从中获取、筛选有效信息并加以记录分析，久而久之形成对文献资源的多元开发。

（4）实现文献资源数字化。实现数字化、信息化是公共图书馆文献资源建设的必然趋势。随着大数据时代的到来，实现公共图书馆数据和服务的全面电子化、云端化是公共图书馆发展的必然。实现文献资源数字化逐渐成为开发利用公共图书馆文献资源的必要途径。这种数字化加工过程将文献属性与数字技术、网络数字特点相结合，通过信息技术对文献进行加工，将纸质载体转换为数据载体，使其成为可重复利用的数据资源。在此基础上，公共图书馆可以通过采集、分析、建模等方式将数据资源组建成数据库，并增设专题文献检索目录。数据库与检索目录的建立能够将人工开发文献资源的成果有效保存固化，并将其功用放大，为读者提供更加便捷高效的服务，提高供给与需求的精准对接。同时，融入公共图书馆特色馆藏建设，对打造公共图书馆文化品牌具有重要意义。正是由于数字化对文献资源开发利用的巨大功用，各公共图书馆都在大力实施数字化建设，着力打造数字图书馆。

2. 公共图书馆文献资源建设开放共享模式

公共图书馆文献资源建设开放共享模式是指公共图书馆以社会大众为服务主体，除场馆向社会群体开放外，公共图书馆还要创造条件为社会大众、图书馆界和政府机构提供文献信息服务，以满足新时代社会发展的需求。在公共图书馆构建文献资源建设开放共享模式的过程中，应当坚持以下基本原则。

第一，保密性原则。"开发前先保护"，是档案界的一句流行语，因为档案与个人息息相关。图书馆虽具有公共性，但其所汇集的读者信息不是公共的，收藏的关于文物、档案和国家秘密的信息不是共有的，因此，开发前先保护，一样适用于公共图书馆的文献资源建设。尤其是在现如今随时都有可能泄露个人信息的时代，互联网在给公共图书馆文献资源建设带来开放共享这一机遇的同时，其带来弊端也是建设者应该考虑到的。

第二，标准性原则。既然是开放共享，那么势必要互联往来，因此，不论是联盟馆建设还是总分馆建设，在进行文献信息著录和分类时，就要参照同样的标准。只有标准相同，在硬件设施更替的过程中才能尽量避免重复工作，书籍的流通、信息的共享才有可能尽早实现。

第三，整体性原则。公共图书馆的文献资源建设一旦践行开放共享模式，就是把公共图书馆的"大门"大开在社会公众面前，这时就需要一个能把控整体局面的"带头人"统一安排、统一部署，以便能有序、有效地开展工作。

第四节　图书馆法制建设和业务规范初见成效

中国是一个依法治国的国家，除了《中华人民共和国宪法》外，各行各业都有各自的法律、规范、条例等，以严格约束行业发展，也为其发展提供保障，图书馆建设也同样如此。在图书馆建设过程中，人们一直在规范图书馆的法制建设，且目前已初见成效。

在法制建设方面，图书馆界一直为拥有一部"图书馆法"而努力，图书馆各级主管部门为法制建设做了很多工作，具体体现在以下方面。

一、评估定级标准

为推动图书馆事业发展，公共图书馆、高等院校图书馆广泛开展了评估定级工作。文化部于1992年12月发出通知，决定自1993年1月起在全国县级以上图书馆开展评估定级工作，文化部图书馆司并为此制定了评估定级标准。1998年，全国公共图书馆系统开展了第二次评估定级工作，高等院校图书馆的评估定级工作于1986年在山东省高等院校图书馆率先开始。1991年10月国家教委下发了《关于开展普通高等学校图书馆评估工作的意见》《普通高等学校图书馆评估工作指标体系大纲》和《关于指标体系大纲的说明》，后在全国高校图书馆系统有步骤地开展了这项工作。评估标准对图书馆各项工作起到一定规范作用。评估时，各个项目均要按统一制定的指标数值给予不同分数。通过评估定级工作，可以测定各个图书馆的达标程度，从而按评估标准规范各项工作。

二、相关规范、标准

图书馆工作的标准化和规范化是现代图书馆工作的重要基础。改革开放以来，我国图书馆界对图书馆工作的标准化给予了高度重视。1979年，我国加入国际标准化组织（ISO）文献工作标准化技术委员会（ISO/TC46），当年12月，经国家标准局批准，成立全国文献工作标准化技术委员会，该会下设10个分委员会，对我国文献标准化进行研制工作。经过几十年的努力，该会相继在书目著录、文献分类、主题表引、书目情报交换、磁带格式等方面制定出几十项国家标准，并由国家标准局批准公布实施，同时还制定了《中国机读目录通讯格式》（CNMARC），后经修订，于1995年4月更名为《中国机读目录格式》并通过鉴定，被确定为文化部行业标准（WH/T 0503—96），为实现我国文献著录法统一创造了条件。

在业务规范化建设上，图书馆界一直致力组织修订完善的《中国图书馆分类法》（下简称《中图法》）及其系列版本工作。1999年已经出版第4版，现已被全国95%以上图书馆采用。与此同时，图书馆界还组织编制了《汉语主题词表》和《中国分类主题词表》，这些工作都为中国图书馆业务规范打下良好的基础。

近几年，有关部门还组织编制了《图书馆建筑设计规范》，中国图书馆学会建筑与设备专业委员会也邀请有关专家起草了《图书馆建筑评估指标体系》。自此，中国图书馆建筑有了行业标准，对国内新建图书馆建筑也有了评估依据。

《中华人民共和国公共图书馆法》（下简称《公共图书馆法》）由第十二届全国人民代表大会常务委员会第三十次会议于2017年11月4日通过，自2018年1月1日起施行，是为了促进公共图书馆事业发展、发挥公共图书馆功能、保障公民基本文化权益、提高公民科学文化素质和社会文明程度、传承人类文明、坚定文化自信而制定的法律。《公共图书馆法》关注如何能够让更广大的人民群众更好地享受到公共图书馆及其服务。该法律的颁布对促进图书馆事业进一步发展、建设社会主义文化强国提供了强有力的法律支撑，有利于健全完善文化法律制度。《公共图书馆法》以宪法为依据，对接《中华人民共和国公共文化服务保障法》的要求，确定了公共图书馆事业的基本原则和目标方向，构筑了公共图书馆的制度体系，充实完善了文化法律制度的内容，弥补了我国文化立法的短板，为促进图书馆事业发展、建设社会主义文化强国提供了强有力的法律支撑。

第五节 文献信息服务出现新面貌

一、使文献信息服务迈上了一个新台阶

电子图书馆是随着电版物的出现、网络通信技术的发展而逐渐产生的。电子图书馆具有存储能力大、速度快、保存时间长、成本低、便于交流等特点。[1]光盘这一海量存储器，能够存储比传统图书多几千倍的信息，比微缩胶卷要多得多，而且存储内容包括图像、视频、声音等。

利用 Microsoft Visual FoxPro 技术管理图书馆的图书，对馆外文献信息资源进行搜索、过滤，使之成为虚拟馆藏，形成更加宽广、快捷的信息通道，人们能够很快地从浩如烟海的图书中，查找到所需要的信息资料。该技术保存信息量的时间相对较长，不存在霉烂、生虫等问题，人们利用网络，在远远的地方也可以使用图书，效率极高。

二、文献信息服务发展趋势

（一）完善图书馆文献信息服务

图书馆主要以纸质文献信息为主，在现代化的今天，人们应该使图书馆与计算机技术和网络技术紧密结合，利用计算机技术创建适合图书馆规模的数据库，记录和分析馆内的文献资源。对馆内资源的准确掌握，对管理和发展图书馆至关重要。

---

[1] 王宁，吕新红，哈森. 图书馆管理与阅读服务 [M]. 北京：光明日报出版社，2016.

在进行图书馆文献信息服务时，利用网络资源建立网页和索引，对图书馆中的所有图书进行合理分类，对读者快速合理地查找所需信息十分必要。有了索引的帮助，读者不必为了寻找一本书而穿梭在整个图书馆中。为了方便读者获取相关信息，在图书馆文献信息服务中，还可以采用电话、短信、传真和电子邮箱等方式，为客户进行服务。客户可以将所需的文献信息通过以上方式发送到图书馆有关服务部门，服务部门工作人员将以最快的速度准确回复客户。随着信息化技术不断改变，图书馆文献服务方式也在随之变化。对数字化和网源的利用，使现代图书馆文献信息服务更加人性化，创立了文献信息服务新局面。

（二）信息服务的网络化

随着网络迅速发展，网络已成为人们生活中不可缺少的一部分。图书馆也在运用网络以完善文献信息服务系统。网络的一大特点是资源共享性，读者将不再受限于单位、地区即可获取信息。在权限允许的条件下，读者可以获得任何单位与地区的知识资源，获取的信息范围更加广泛。只要读者掌握基本计算机、信息检索、外语等知识，便可以用最快的速度找到所需要的信息。

图书馆可以利用网络将用户所需的各项服务功能进行整合，使之最大限度地满足用户的各项信息服务要求。在这样的网络化文献信息服务模式下，图书馆得以向读者提供多层次、全方位的信息服务，最大限度地方便读者查找信息过程。网络环境下搜索引擎提供了多主题自由检索，这种检索方式使信息检索已不再是图书馆专业人员的专利，而是成为一种大众化工具。

图书馆文献信息服务在现代化高速发展的社会中逐渐完善并继续发展，图书馆已不再是传统的内部开放，而是面向社会各阶层开放，任何一个公民都有权利在图书馆中寻找所需要的信息，图书馆资源也日益区域共享化。同时，网络化文献信息服务的应用不仅满足了读者需求，还使图书馆管理系统更加完善。

图书馆文献信息服务是未来图书馆的核心竞争力。随着时代不断发展与科技持续进步，文献信息服务不断展现出新的面貌。传统图书馆的文献信息服务已经满足不了现代人的要求，结合互联网的电子化、网络化、数字化的文献信息服务，已成为当前图书馆的主流。

第三章 我国图书馆地方文献建设理论研究

地方文献是一种重要而独特的文献资源，地方文献建设已成为公共图书馆的重要工作内容之一，得到政府和社会各阶层的重视。本章内容包括文献信息交流与图书馆、地方文献的概念与特征、地方文献的类型与作用、地方文献与地方其他文献的关系。

第一节　图书馆与文献信息交流

人类信息交流包括直接交流和间接交流，文献交流是重要的间接交流形式。图书馆正是为适应人类间接信息交流需要而产生的机构。搜集、整理、存储文献是图书馆的重要功能；通过文献实现社会间接交流，是图书馆的主要职能。现代图书馆建设研究应将利用文献信息进行广泛交流作为重要课题认真研究，充分发挥文献信息的间接交流作用。

人类信息交流主要指人与人之间的信息交流，即社会信息的交流。概括来讲，人类信息交流的形式主要有两种，即直接交流和间接交流。直接交流指人们之间的直接接触而产生的信息交流，间接交流指人们通过辅助工具间接接触所产生的信息交流。

直接交流的优越性在于生动、直观、感受性强。直接交流的媒介主要是口头语言，此外还包括动作、表情等体态语言。直接交流的过程，是人的感觉器官和运动器官综合起作用的结果。在直接交流时，人们获取的信息也是综合性的，只能靠直接交流获取。直接交流无须任何工具就可以进行，具有方便、迅速、反馈及时的特点。

然而，直接交流的局限性也十分明显。第一，直接交流受到时间和空间限制。在异时、异地，如果不借助工具，直接交流便无法进行。第二，直接交流所产生的信息的存储受到限制。人类的直接交流是大量存在的，但对其所产生的信息的存储却是有限的。没有存储起来的直接交流所产生的信息会稍纵即逝，无法重现。第三，直接交流还要受到语言本身的局限。由于民族、地域不同，语言的种类及同一种语言的语音各有不同，因此，使用不同语言的人和同种语言不同发音的人，在进行直接交流时会受到限制。

正因为直接交流存在上述局限性，才使得间接交流发展起来。间接交流的优越性，恰恰突破了直接交流的局限性。间接交流与直接交流的最大区别在于，间接交流需要借助工具才能进行。

文献交流是间接交流中最早产生的一种形式。当人们能够用文字完整地表达思想和感情，准确地记录事物时，最初的文献也就随之产生。有了文献，便产生了如何整理、如何保存、如何利用这些文献的问题。[1]为了满足将一批文献保藏起来的场所的需要，便形成了最初的图书馆。所以，图书馆直接起源于保藏文献的需要。作为一种社会交流工具，图书馆正是为满足民众间接信息交流需要而发展起来的。人类社会信息的间接交流是现代图书馆生成的基础，文献的应用是图书馆生成的主要因素，发挥社会信息交流的主渠道作用是图书馆发展的主要内在动力。

图书馆是收集、存储、传递古典文字信息的主要渠道。现代图书馆是将收集到的信息利用数字手段进行整理、排序、检索、利用的机构。历史上不同阶段的图书馆担负着各类信息收集、藏储、传递、利用的场所，进行着不同程度的信息交流。

图书馆经过信息搜集、资料整理、文献仓储等程序，达到人们思维、学识和信息的间接交流目的，进一步提高民众的思想水平和实践技能，进而提高全社会的创新能力，以实现经济发展和人类进步。图书馆在人类历史和信息交流史上曾发挥极其重要的作用。新时代下，社会经济在高速发展，在发展过程中广大民众急需解放思想、更新知识结构，承担搜集、管理、传递、应用知识和信息资源的现代图书馆恰似一捧清泉，可以及时满足人们渴望知识浇灌、洗涤思想的需求。

简而言之，图书馆的主要功能是通过文献信息转换，使原有的文献信息实现升值，进一步延伸其价值观念。图书馆主要职责是通过多种形式的信息及时便捷地传递内容信息。

---

[1] 吴慰慈. 图书馆学基础 [M]. 2 版. 北京：高等教育出版社，2017.

第二节 地方文献的概念与特征

对于图书馆发展与文献建设工作而言,地方文献的搜集是一项重要内容,地方文献的整理不仅可以实现文献特色价值最大化,还可以提高图书馆服务质量,因此分析地方文献的收集工作具有重要意义。

一、地方文献的概念

地方文献是区域文化的重要组成部分,是人类社会宝贵的文化遗产,以区域为中心,翔实记录了该区域内天文地理、物产资源、风土人情和名胜古迹等自然和社会现象,以及人的群体活动方式。"记地理则有沿革、疆域、面积、分野;记政治则有建置、职官、兵备、大事记;记经济则有户口、田赋、关税;记社会则有风俗、方言、奇观、祥异;记文献则有人物、艺文、金石、古迹。"地方文献是地方文化的积淀,是地区发展的缩影,也是文化传承的印记,记载着当地历朝历代不同时期的政治、经济、文化、教育等各个领域的发展变化以及重大事件,是外界了解当地风土人情的简便工具。当代,地方文献对于促进当地经济建设和社会发展起着重要作用[1]。

(一)地方文献的定义

地方文献是该地区对不同历史时期政治、经济、社会、人文、教育、民俗、传说等各领域重大历史事件的真实记录。地方文献既有古代文献,也有现当代文

---

[1] 张惠. 地方文献工作新思考 [J]. 四川图书馆学报,2017(6):14-17.

献，具有重要的开发与利用价值。地方文献真实地记录了该地区的社会发展史和时代变迁史，是对后人有借鉴启迪作用的文献。地方文献又是各级图书馆馆藏建设的重点之一，受到国内外图书馆界的高度关注。

地方文献中的"地方"一词，是相对的概念，是相对于世界、各洲和各国而言。国家及以上区域的文献一般被称为世界史、洲史或国史；国家以下区域的则通常被称为"地方文献"，并且"地方"的范围是变化的区域，如大的范围可指我国东北地区、西南地区，较小的范围可指各省、直辖市、自治区，更小的也可指地、市、州和县的范围。

（二）国外对地方文献的代表性观点

随着人们对地方文献在社会经济发展中作用认知程度的提高，国内外专家学者对地方文献进行了持续研究。由于专家学者对地方文献的理解不同，在其研究过程中衍生出多种对地方文献的定义。

（1）英国《哈罗德图书馆员术语》一书中对地方文献的表述是："图书馆收藏有关当地的文献资料，包括书籍、地图、画片以及其他资料。"

（2）美国图书馆研究人员认为，地方文献是包括某一区域生态环境发生变化的文献资料，这一定义明确了人的作用，将人与环境的关系、人与人或政治集团的影响、生态变化对人的影响列入定义中。

（3）俄罗斯专家认为，出版物中新闻报道、历史记录、学者评论某地观察到的事情，在其他地方观察到的事件是由于本地作用发生的事件，发生在其他地方的事件对当地产生影响的研究成果，都属于地方性出版物。

（三）我国图书馆界对地方文献的代表性观点

时至今日，国内图书情报界对地方文献含义的表述，尚未取得一致意见，这无疑给开展地方文献工作的机构造成了障碍。深入探讨这个问题，无论在理论上和实践上，都具有重要意义。但总的说来，对地方文献的表述，不外乎有两种最具有代表性的观点。

1. 广义的地方文献说

这一学术观点认为地方文献是有关当地任何载体的所有资料，包含当地历史资料、当地人物和著述、当地出版物，其载体形式多种多样，如图书、杂志、报纸、图片、照片、影片、画片、唱片、拓本、表格、传单、票据、文告、手稿、印模、簿籍等。部分学者教授将这一概念定义为广义的地方文献概念，并建议图书馆应扩大地方文献的搜集范围，按照广义概念搜集地方文献。

2. 狭义的地方文献说

这种学术观点认为，地方文献不论制作地、制作方式和承载形式，其在内容上必须具有当地特色。部分学者将这个概念定义为狭义的地方文献概念，并要求图书馆应该在广义上搜集地方文献，狭义上保管利用地方文献。

这两种观点均从不同角度对地方文献进行定义，但似乎又都欠完善。而不论内容如何，只有认识地方文献的特性，探讨地方文献的内涵，全面、深入地分析与了解事物的本质特性，才能揭示地方文献的本质属性和适用范围，才能科学地表述事物的概念，以便更好地开展地方文献的理论研究和实践工作。狭义的地方文献说对研究地方文献更有利，更便于操作，但完整度不够。一方面，如果定义的范围过大，在人力、物力、财力和馆舍空间上均无法应付，甚至会阻碍采集和整理地方文献工作，且范围过于宽泛则失去了"地方文献"的意义；另一方面，只以文献载体内容为划分的唯一标准，又显得不全面。因此建议：宜采用搜集"宜宽不宜窄"、收藏"宜窄不宜宽"的做法，"宽"与"窄"要从图书馆的实际出发，看图书馆的地位、层次以及规模，具体问题具体分析，根据实际情况制定出各馆的地方文献工作指导方针和具体实施细则，采用不同的方法和操作步骤。

处在网络信息时代的今天，地方文献的形式和内涵与以往相比又有了新的不同。现在，地方文献不仅在当地出版发行，也在国内其他地方甚至国外出版发行，突破了地方文献出版的地域限制。地方文献类型除了有方志、家谱、地图等传统形式外，还有专著、期刊、科技报告、专利文献、学位论文等新类型；载体形式不仅有纸质印刷型，也出现了缩微品、录音、录像、数字和网络产品等品种，更有大量的地方文献发表于各种报刊上，散见于各种会议文件中，甚至出现在各种商业性宣传作品里，用更快速度、更引人注目的方式向社会传播。面对内容如此广泛、形式如此多样的文献，对其进行系统的、多方面的、多角度的、多层次的划分，对于有效搜集和整理地方文献，充分开发和利用地方文献资源，发挥其应有的文献价值，至关重要。

简而言之，地方文献利用不同载体，真实记载了发生在当地的历史事件、自然现象和社会万象，是记录或描述在一切物质载体上的某一地域自然现象和社会现象的历史资料和现实资料，是我们对历史的一种传承，是一种真实记载人文史实的特殊载体，是外界了解当地的一张名片，更是当地经济发展、文化繁荣的宝贵财富。

二、地方文献的基本特征

地方文献是当地非常重要的非物质资源，通过不同载体承载，并由丰富的、多形式的文献内容组成，是图书馆独特的藏书体系，是其他馆藏资源无法比拟的，是独一无二的馆藏资源。其基本特征体现在以下几个方面。

（一）地域性

地域性是地方文献的基本特征，是否具有地域性是判断文献能否确认为地方文献的重要依据。远古时期的古人类以区域为单元群居生活并进行生产活动，长期以来生活在不同地域的人类以自己的生活方式沉淀文化、记录生活、保存文献。地域性文献从开始即存在地域差异性，已出土的文献中已经证明了这一点，比如通过考古发现的跨越不同历史时期和不同地域的人类文明，其中黄河文明、长江文化、巴蜀文献等均存在明显地域差异性。

在全球化高速发展的信息时代，区域范围正在扩大，全球文化互通互融，不同国家和地区的文化差异仍然存在，并且将长期存在，这是地方文献的基本特征。作为区域记载物的地方文献，是文化的深层结构。只要文献翔实地记录了一个地方的政治、经济、文化、教育等人文与自然状况，文献所记载的内容能体现并兼顾反映与本地相关联的内容，有明显的区域文化特色，无论文献形式、载体、出版地、出版者乃至文种等为何，该文献都属于地方文献。

鉴别文献在内容上是否具有地域性，需要看文献记载的历史、现状、人物与当地有无关联。首先，文献应该从不同角度记载、分析、研究当地历史、现状和未来，其内容应以当地历史资料和现实资料为依据，反映当地自然资源与社会环境的沿革、变化和现状。其次，文献记载的事件不是发生在当地，但是与当地发生关联，比如当地史志资料记载的当地烈士参与的战斗故事，可能发生在国内其他地区或者国外，但因烈士属于本地人士的，也可将其认定为地方文献。最后，文献记载的内容发生在当地之外，但会对当地产生影响的，也属于地方文献。比如国家对贫困地区支持性政策对于贫困地区来讲属于地方文献，再比如国家就某一领域的表彰决定、某一地区代表到其他地区参加经验交流大会的，也属于地方文献。

（二）真实性

地方文献必须真实、客观地展示当地的历史和现状，把当地有文字记录以来发生的历史真实事件、经济发展过程、产业结构变化、社会制度变迁、民风民俗传承等全部记录下来，具有较强的文献参考价值和史料研究价值，是研究本地域的重要工具，具有参考使用价值。

地方文献由本土人士采用纪实手法创作，属于实际生活的原始记载，其每一份资料都经过深入研究而成。因此，其文献内容真实，资料数据准确。地方文献中一批资料由手工完成，尤其是从古代传承下来的文献资料，比如手稿、画册、史志资料、20世纪中期之前的文献资料等，手工完成的文献资料可以体现其原始性、真实性，能为当地党政领导、科技工作者等提供真实的地方史实，增强人们对当地政治、经济、文化的了解。正是因为地方文献具有真实性，所以其所包含的社会信息对地域经济发展有重要的参考价值。

清代史学家章学诚在谈到修志时说过："地近则易核，时近则迹真。""核"与"真"，即真实准确。由于绝大部分的地方文献属于事件当时当地的人对事物所做的直接描述，且这些文献多出于当时当地名人手笔，许多是经过调查、采访或统计整理的实录，可靠性较大，有的还不为正史所载，故具有较高的史料价值。尤其是政府及相关部门发布的公报、文件或政府收藏的档案，更能反映当地政治、经济、军事、文教等方面的情况，不仅具有可靠性，还具有权威性。测绘和采访资料更具有较大的参考价值，特别是关于工农业生产和自然灾害的情况，都是根据实地调查统计或劳动人民提供。著名方志学家朱士嘉先生曾经说过："通志（指地方志）的可靠程度不如府志，府志的可靠程度不如县志，县志的可靠程度不如镇志，行政单位愈小，其所修志书的可靠程度愈高，这是一般规律，基层单位范围小，人口少，采访易，记述有所出，人也容易发现，容易纠正。另外，他们受到上级政治压力小，控制差，执在写作方面享有较大的自由。"真实性主要反映在学术价值和史料价值，因此，地方文献可为当地党政机关在决策、规划与制定方针、政策等方面起到非常重要的参考作用。

（三）广泛性

地方文献形式多样，内容丰富，涉及领域广，对当地自然、社会、人文等历史和现实进行真实记录。地方文献涉及社会环境、自然环境两个领域。自然环境包括天文、地理、地形地貌、水文地质、气候气象、矿产资源、物种分布等，社会环境包括人文历史、地方政权、社会变革、制度创新、社会经济、地方文化、体育、教育、民族、宗教、民俗、语言和文学艺术等。地方文献时间跨度长，从有文字记载且有人类在当地活动开始，便有了地方文献，只要有人类活动的地方，文献就不会中断。大跨度、多领域、多学科、丰富内容的地方文献可以全方位、多角度地反映某一区域的整体风貌，使后人不会出现认识上的偏差，也为后世研究人员提供了充实的理论依据，促进其做出科学判断，地方党政领导可以做到科学决策。在图书馆建设中要注意地方文献形式多样性带来的无序性，与从广泛性引发的不规范性问题。

（四）多样性

地方文献研究对象包罗万象，出版形式多样，从内容到形式，从体例安排到语言文字，都没有一个固定的模式。地方文献记载内容广泛性，决定了其形式的多样性。除传统正式出版、期刊的印刷出版物之外，还有非正式出版物，其载体包括书刊、报纸、油印品、小册子、作者手稿、手抄本、图集、图片、碑帖等，还包括其他记录知识的符号与相应的物质载体，如文件档案、录音、录像、音像制品、复印品、多媒体、网络文献等文献形式，也有家谱、传说集录、历朝历代方志等历史文献，内容和形式上都呈现出多样性的特征。

第三节　地方文献的类型与作用

一、地方文献的类型

地方文献的载体多种多样，所反映的信息涉及政治、经济、社会、文化等多个领域，其类型繁多，几乎将所有文献类型都囊括其中，按照类型划可以概括出以下种类。

（一）按著述形式划分

有地方政府发布的工作报告、地方的统计年鉴、统计公报、地方年鉴、地方史、地方志、地方档案、地方百科全书、地方丛书、地方著述、地方报刊、回忆录、传记、谱牒、地方人事碑志、地方图录、地方文献书目、地方音像资料、网络地方文献等。

（二）按出版形式划分

有公开出版物、非公开出版物和背景资料三个部分。
（1）公开出版物。公开出版物指由国家或地方正式出版单位出版发行，反映本区域的政治、经济、军事、文化、科学、教育等的图书、报纸、期刊、图片、画册和其他形式的正式出版物。由于是公开出版物，出版主体比较正规，印刷品的质量相对较好，出版前相关人员对地方文献资料进行过认真研究核对，可信度相对较高。其缺点是出版物耗时较长，出版物需要大额的经费做保障，因此，经费可能影响印刷数量。

（2）内部资料性出版物。内部资料性出版物是地方党政机关和企事业单位、团体在某一特定社会范围内出版发行的图书、报刊和年鉴、文件汇编、会议录、论文集、调查报告以及其他各种形式的出版物，其中包括由各地政府组织编制的地方史和专业志、记录、纪要、当地政府颁布的法规条文等，是地方范围的出版物，具有针对性强、信息量大、时效性好的特点，在全部地方文献体系中占比较大。

（3）背景资料。背景资料指不以出版为目的的文献，如手稿、日记、笔记、信札、抄本和文书等，还有文契、证券、商标和产品说明书等。此类文献多系原始记录，内容可靠，针对性强，并具有一定文物价值或收藏价值。从地方文献典藏角度考虑，前者因其具备图书形式，一般按内部资料性出版的文献处理。人们平时所说的非书资料，是指后面一类不具备图书形式的文献。

（三）按文献价值划分

（1）核心文献。指专门记述地方事物的文献，如地方志、地方史、地方人物传记以及各种专门的地方史料。这类文献中所含地方文献内容量大，重复利用率高，使用效果较好。

（2）辅助文献。指内容在某种程度上涉及地方事物的文献，包括上级区划文献资料涉及的部分和专业文献涉及的当地文献资料。这部分地方文献内容没有核心文献丰富，但是相比核心文献有极强的专业性和社会影响力，其文献价值较高。

（3）其他文献。指进行地方研究不可缺少的基础文献，如野史和笔记等。[1]这类文献中，地方信息量小，但却有一些其他地方文献不具有的重要内容，并且这类文献将对于地方的研究置于更为广大的领域，开拓了研究者的视野。

此外，地方文献还可从介质形式上分为甲骨地方文献、金石地方文献、刻印型地方文献、印刷型地方文献、手抄型地方文献、缩微型地方文献、视听型地方文献、网络型地方文献等，从文献内容上分为地方社会科学文献、地方自然科学文献等，从文种形式上分为汉文地方文献、少数民族文地方文献、外文地方文献等，从时间跨度上分为地方古代文献、地方近代文献、地方现代文献、地方当代文献等。

---

[1] 王振威. 综合档案馆开展地方文献收集工作的思考 [J]. 北京档案, 2018(9): 23-25.

二、地方文献的作用

地方文献客观真实地记载了当地自然环境变化情况和社会人文传承发展，具有多次利用的馆藏价值。地方文献从各个不同角度记录了特定区域内的自然环境变化与社会制度变迁，具有重复使用价值和保存价值。

从古到今，地方文献一直被后人利用，具有"了解历史、借鉴历史、激励意志"的作用，可以称作"地方百科全书"，对人们了解过去、指导现在、预测未来有着重要的借鉴作用。在信息社会高度发展的今天，地方文献所具备的史料作用主要体现在以下几个方面。

（一）提供决策依据

地方文献客观地反映了区域内的自然概况、地理历史、政治军事、经济建设、社会变迁、风俗习惯、文化教育、人文故事等方面内容，对后人借鉴历史、反映现实决策、未来具有很好的"资政"作用，因而受到历朝历代地方政府机构的高度重视，其所提供的地方史志文献，是当地政府部门进行决策时的重要参考资料和地情依据。

地方文献是帮助新到任的地方官员深入了解当地政治、经济、文化、教育等事业发展与建设的历史与现状，以及当地自然资源和社会状况等的重要文献，为当地政府制定经济发展规划和方针政策，相关部门组织实施经济建设、引导民众提供了全方位信息和历史资料。

从古到今，行政主官到一地任职必须全面了解当地风土人情，熟悉当地基本信息。通过图书馆馆藏的地方文献，行政主官可以充分了解当地基本情况、风土人情和历史沿革，使决策者能对所辖地区生态、地理、民俗等历史和现实进行综合分析，从而做出正确决策。

（二）提供文献支持

地方文献记录了本区域的一切自然现象、社会现象以及群体活动方式，涉及区域的地理位置、地形地貌、山川河流、气候灾害、建制沿革、物产资源、语言文字、风俗人情、名胜古迹、政治军事、经济生活、文化艺术和科学教育等方面的历史和现状，保留了大量前人在各方面的研究成果。地方文献能够为后人认识该地域的历史和现状提供可靠资料，能够揭示事物发展的客观规律；能为现今的科学研究提供重要参考，是科学研究的重要依据；是专家学者们进行科学研究的重要对象，是科学创造的源泉；能为区域内各行各业专业人员了解本地历史和现状、从事专业研究提供系统资料。

在国家科研事业中，地方文献为天文、气象、地质、地震、农学、地方病学等学科研究，提供了大量翔实的资料和数据。科研人员参阅大量地方文献，完成了各种科学专著。例如，中国科学院天文台汇辑方志编成的《中国天象总表》《中国天文史料汇编》，中央气象台编辑的《五百年来中国气候的变迁》《中国古天象纪年部表》，中国科学院地震工作委员会历史组从8000多种地方文献中辑录出《中国地震资料年表》，后又校补为《中国地震资料汇编》，辽宁省图书馆也从方志中辑出《东北地震资料》等。

（三）提供历史依据

区域经济的最佳发展离不开区域自然资源、历史基础、人口、民俗、技术、市场及管理机制等因素的影响，地方文献是记录区域经济状况的主要文献。在历史的发展长河中，山川河流等大自然发生着变化，某些矿产资源和传统工艺，可能面临枯竭和失传。地方文献真实记录了区域内各方面衍变的过程，可以为民众还原历史、分析未来提供依据。地方文献可以指导人们利用当地优势发展经济，保护稀有资源的合理开发利用，传承传统工艺，繁荣民间制造，进而挖掘文化潜力，坚定文化自信。地方文献为各地诸多行业都提供了大量线索和数据等珍贵资料，注入了丰富的历史、文化内涵，使地方产品的生命力更加旺盛，从而更受人们青睐。

在发展区域经济时，各地都在寻找各自新的经济增长点。地方文献有利于为提高该地区的知名度寻找切入点，以吸引国内外经济实体，繁荣地方经济建设；为地方经济建设提供详细可靠的信息资料，帮助解决在经济建设中遇到的难题；为进一步发掘地方资源、发挥地方经济优势、推动地方经济建设提供历史依据。利用地方文献发展旅游经济更是其价值的体现。各地根据地方文献记载，可逐步修复并开发历史文物遗迹、风景名胜等旅游景点，发展地方旅游经济，从而带动区域内相关产业经济发展，提高人们生活水平。

（四）提供史料支持

地方文献最为突出的一个特点是体现地方文化。地方文献在地方文化的继承和宣扬方面发挥了提供历史资料、传承文化特色、促进文化繁荣的作用。比如，对古建筑进行修缮时，可以借助地方文献资料再现古建筑风貌。又如，对于当地一些即将失传的表演艺术，可以借鉴相关文献资料对其进行抢救性传承。一些已经失传的传统工艺、民间特色小吃，通过对地方文献研究，可以再次被后世了解和掌握，这些工艺和特色文化将有可能被传承和发扬。研究地方文献的历史资料可以发掘民族交融的历史渊源，可以促进民族团结和友谊，增进民族大团结的凝聚力，既能满足群众的文化要求，又能传承地方原来的文化特色，进而为学者研究区域特色提供必要的理论基础和学术依据。

（五）提供丰富资料

地方文献跨越年代长，涉及领域多，内容丰富全面，手法客观真实，是一部历史百科书，是历次史志修订的重要参考资料。地方史志修订人员要先博览有关资料，从中选择合适的内容作为基础资料，再进行分析、对比、选择和归类，并按照史志修订要求将其进行组合，修订成地方史志或编撰成新的断代史、专业史，也可以通过新的排序、演绎、研究、提炼，形成新的史学研究成果，充实地方文献资料。

20世纪80年代初，全国编史修志工作达到高峰。以首都图书馆北京地方文献中心为例，自1989年以来，先后为北京地区的史志工作者提供了《北京金融志资料》和《北京邮史资料汇编》等大型史料汇编；辽宁省图书馆通过对地方志的辑录和研究，编制了《辽宁地方志考录》和《辽宁地方志论略》等。近年来，各地又开始了新一轮修纂新史志的热潮，对图书馆地方文献资源的利用也达到了新的高峰。

（六）爱国爱乡教育的生动教材

地方文献的记载内容翔实、形象生动、通俗易懂，极具感召力，易于众多人群阅读借鉴，尤其适宜青少年阅读。地方文献能够使青少年通过文献资料进一步了解家乡的山川风貌和风土人情，了解家乡的仁人志士、英雄烈士、历史名人，培养青少年爱祖国、爱家乡、爱人民、爱自己的情操，孜孜不倦的学习精神与建设家乡的信念，使他们从小学习过硬本领，造福家乡人民。地方文献是教科书的有益补充。

第四节　地方文献与其他文献的关系

一、地方文献与地方文化的关系

文化的发展是社会发展的必要组成部分，而文化表现在多个领域。民族优秀文化经过代代继承与不断发展和弘扬，最终成为各具特色的地方文化。简单来说，地方文化指某一地区在社会发展历程中所形成的物质与精神成果。随着地方文化慢慢积累、逐渐深化与拓展，地方文献逐渐形成。本质上，地方文献是该地区在文化积累过程中客观环境与人类主体活动的记录。因此，地方文献内容既包含自然环境、社会概况、经济生产等信息，也包括对民俗、艺术、文教等自发群体活动的记录。

地方文献是地方文化的集成与体现，是所有类型文献中极具研究价值的一类文献。从现实角度讲，长期的文化积累和文献记载导致地方文献和地方文化互相渗透，相互影响，形成"你中有我"的局面，并分别对应记录群体的认知与实践，二者不断传承，继续交替前行。因此，在积极弘扬地方文化的使命中，对于地方文献的搜集、整理与研究是极为重要的一环。

各地区发展历程与自然环境各不相同，导致各地区形成风格迥异的独特文化。地方文化具有鲜明的历史特点与时代气息，而地方文献作为客观事实的载体，记录了地方文化的灵魂与精髓，其基本涵括了该地区的一切社会发展因素，是地方每个阶段发展的记录、集成与外在表现。地方文献保证了地方文化能够被一代又一代的群体了解和继承，对地方文化的交流、传播与发展具有明显的推动作用。

地方文献与地方文化并不仅停留在简单的单向链接中，二者相互依存，相互促进，共同成长。由于各地区地方文献地域性显著，不同地方文献对该地区文化的推动作用又各具特色，因此，在实际的文献利用过程中不能一概而论，要具体地区具体分析。

二、地方文献与地方史志的关系

在地方史志中,除少部分地方史外,绝大部分是地方志。地方志是有关地方事物的百科全书,是记载一个地区(或行政区划)内自然和社会各个方面的历史与现状的综合性著述。地方志与地方文献都属于文献范畴,而地方志是地方文献的一种载体形式。在所有地方文献中,地方志最能反映该地区的地方特色,也是最具研究价值与参考价值的文献种类。地方志较为全面地记录了该地区自然、政治、经济、文化和社会的历史与现状。对地方史志的搜集是所有地方文献搜集中的重中之重,地方史志也可以被看作是该地区大量不同领域地方文献的大集成。在地方志编纂形成过程中,艺文志包括各历史名家的著作、思想与生平记录,是地方文化中最为耀眼的明珠。

地方文献是地方志编制修订的资料来源与事实依据,是地方志存在的客观基础。地方文献的广度与深度直接决定了地方志的丰富与严密程度。地方志内容越广博、翔实,其文献对应的文化价值越珍贵,越具有现实意义与研究价值。如果地方文献的记载足够真实详尽,涵盖领域广阔,其本身能够就某一历史结论或事件形成多角度的推断与验证,那么地方志的真实性与可靠性就可得到保证。由于地方志是该地区地方文献的集大成者,因此各地方志具有独特的地方属性与研究价值。历史在不断进步,地方文化在不断发展,地方文献也在不断扩充与完善,地方志的编修必然是一个动态连续的过程,每隔一段时间,地方志需要依据既有的大量地方文献完成自我更新。

三、地方文献与地方档案的关系

地方档案是地方文献中较为常见的一种记录形式。客观上讲,地方档案是地方文献较为直观的概括性描述,是人们全面系统了解地方文献的重要索引。地方档案包括该地区一切时期具有保存价值的信息,通常以叙述性文字、简明的图表或声像等为记载方式,按照时间点的不同,可以区分为现行档案和历史档案。

我国现行的档案工作可以分为文书档案与技术档案两种类别,其中文书档案与地方文献整理具有更多关联性。进入现代社会,各地的档案管理工作已经有了较为细致的制度和划分,档案的搜集与整理直接由政府相关部门完成,并从中选择重要信息编纂为该地政府机构的正式档案,并加以保存和记录。

由于地方文献涉及种类繁多,详略不一,其真实性考究难度各异,政府档案几乎难以同时兼顾档案材料的广博性与真实性。从这个角度出发并作为政府档案管理部门的基层数据提供者,地方档案馆与地方图书馆能够被视为政府相关部门的下级组成单元,发挥一定程度的搜集整理职能,从而分摊政府档案管理部门的工作压力,进一步拓展地方档案的内容与广度。

档案文献是为满足日后查证、研究和复制需要而留存的,经过系统整理和鉴定的信息材料,凭证作用是档案区别于其他文献的特有属性。在配合相关政府部门进行档案工作的同时,地方档案馆和地方图书馆同样能够独立地进行地方文献的搜集、整理工作,并向社会提供珍贵的文献输出,在整体工作框架中,可以与政府相关部门呈现既合作又独立的工作模式。

四、地方文献与历史文献的关系

历史文献是一个地区文化特征的精华与轮廓,完整而独特的地方历史文献能够使该地区确立更为独特的标识与文化内涵。由于地方文献较历史文献而言更为生活化与琐碎化,包含范围极广,因此在一些情况下,地方文献常常能够作为历史文献的注释与客观证据,从而帮助历史工作者确定历史细节与真实性。今天的地方文献为党和政府完成各个时期政治、经济、文化等各项工作,提供了丰富的参考资料,教育和鼓舞了广大人民群众,发扬了爱国主义精神,对人们积极投身社会主义建设起到重要作用。

历史上,通过大量地方文献的记载,人们可以了解当时的土地、财赋、人丁、物产等情况,地方文献为人们保留下具有价值的史料。地方历史文献是该地区发展、变化的缩影,是当地民间艺术、建筑、历史,人文等文明沉淀的见证。从广义上讲,地方文献具有客观性、全面性与唯一性。我国历史文献浩如烟海,纵横交织,是中华民族灿烂文明的忠实见证者,更是前辈先贤留给后世的宝贵财富。大力开发和利用历史文献是奠定中国社会主义精神文明建设的基石,将对我国物质文明建设起到不可估量的作用。地方文献种类多样,其中资料性文献和实物性文献兼而有之,资料性文献通常表现为叙述性文字或图表。

第四章 我国图书馆地方文献的搜集工作

地方文献是地方文化的历史积淀和现实反映，是认识地域的有效工具。丰富的地方文献是发展区域经济、弘扬区域文化的宝贵资源。做好地方文献搜集工作，充分发挥地方文献的价值，可以更好地为本地区经济文化建设服务。因此，本章重点解读地方文献搜集的意义与范围、原则与内容、搜集途径、问题与对策。

第一节　地方文献搜集的意义与范围

一、地方文献搜集的意义

(一) 地方文献搜集的重要性

1. 国家文化建设的需求

中国共产党十七届六中全会指出，要认真总结我国文化改革发展的丰富实践和宝贵经验，推动社会主义文化大发展大繁荣。会议确定了2020年我国文化产业的发展目标，提出并部署进一步深化文化体制改革、推动社会主义文化大发展大繁荣的各项重要任务。这次会议提出了我国"增强国家文化软实力，弘扬中华文化，努力建设社会主义文化强国"的战略任务，而搜集地方文献正是文化建设中一个十分重要的方面。

2. 区域文献保护的需求

地方文献负有保存地方历史、描述地区现状的重要职责，是弘扬中国文化、服务社会发展的重要推动因素。随着社会不断发展，尤其是现代化信息资源的几何级增长，地方文献资源增长也同步呈现明显的加速度趋势，其在图书馆藏书体系中的占比也在同步增长，逐渐成为一个丰富文献资源、形成特色馆藏的重要构成部分。与此同时，图书馆应注意到这一趋势，应该对日新月异的地方文献资源进行系统搜集、整理、开发与保存，推动地方文化事业和社会经济事业发展，进而为我国国民社会发展与科研生产积蓄力量。同时，图书馆自身也可以利用整理地方文献的机会，形成独特的馆藏文化，加强自身建设，从而突出图书馆的社会职能，提高自身社会地位。

3. 提供文献服务的需求

地方文献搜集是地方文献开发利用的基础和前提。随着我国经济和文化事业的不断深化发展，社会更加迫切地需要与之相适应的、有价值的文献资料。地方文献正是全面研究一个地区历史发展及现状的宝贵财富，是当地各行各业的综合记载，具有独特的使用价值。[1] 地方文献为地方史志的编撰提供了基础素材，为地方领导、机关制定决策、计划提供情报依据。由于地方文献内容包含社会生活各个方面，因此在当地各级党政机关进行决策时，地方文献"客籍"应该怎样界定值得探索研究。"客籍"指外来人口居住本地者，具体情况相当复杂。因此，在实际界定操作中，户籍成为区分外来地方人士著述是否同样属于地方文献的衡量标尺。

（二）完善特色的馆藏建设

搜集地方文献是图书馆藏书建设的重要组成部分，是图书馆工作的重要内容之一。

1. 充实馆藏文献资源

地方文献的搜集可以使图书馆馆藏文献资源更加丰富，为其提供更好的信息咨询服务，使图书馆在社会上更具影响力，让更多读者愿意前往图书馆，还可以推动物质文明和精神文明建设。地方文献的范围非常广泛，内容也十分丰富，是宝贵的资源。所以，图书馆应将地方文献的搜集工作放在重要位置，使其特殊作用能够充分发挥出来，从而推动地方经济发展。

2. 藏书建设的体系化

图书馆藏书建设的要求是体系化。图书馆藏书的特色和社会价值主要体现在体系化上。每个图书馆都要有藏书体系，并且要有自身的特色和重点，使读者的基本需求和专门需求能够得到满足。因此，在建立图书馆藏书结构时，要注重搜集地方文献，且搜集到的地方文献要能够体现图书馆藏书体系特色。

---

[1] 赵大志. 地方文献建设研究 [M]. 成都：西南交通大学出版社，2012.

3. 从事多学科的研究

各领域的学术研究在近些年得到快速发展，很多人在研究时会参考古代文化典籍，各个地方都在进行编史修志，这些变化都增加了人们对地方文献的需求。对于地方经济发展和科学研究而言，乡镇志、市县志、省志、人物传记、家谱等都具有重要的意义。对地方文献的搜集有利于对本地经济、人文的研究，有利于社会主义精神文明建设的推进。因此，在图书馆藏书建设中，地方文献搜集工作是非常艰巨的任务。

4. 馆藏文献的开发利用

图书馆更应科学地开发和利用馆藏文献，对于文献信息的加工整理要按照用户需求进行，要将散乱的文献信息进行分类，排列好顺序。因此，要使用户需求得到满足，需要开发更多品种，使文献能够得到充分利用。文献的开发和利用是一项长远工作，要能够开发一种全新的文献交流体系，满足不同层次、不同需求的用户。

二、地方文献搜集范围

文献的地方特点是在地方文献搜集范围确定时首要考虑的因素。地方文献之所以与其他文献不同，是因为其具有地方特点，主要包括两方面：一是文献形式的地方特点，二是文献内容的地方特点。和当地有关的文献内容是内容的地方特点，体现在作者、出版等方面，例如该地区名人传记和该地区出版物等。因此，在确定地方文献搜集范围时，既要注重文献形式的地方特点，也要注重文献内容的地方特点，既要考虑当地的现实需要，又要考虑今后长远需要。因此，地方文献的搜集范围通常是按现行划分的行政区域。

（一）地方特点文献的搜集

在搜集地方文献时，内容上具有地方特点的文献是重中之重，地方藏书也通常主要由这些文献构成。对于地方的政治、经济、文化发展而言，内容上具有地方特点的文献具有很重要的参考价值，所以其搜集范围更宽，只要内容具有地方性均要搜集在内，尽可能搜集所有与当地有关的文献资料，让读者在选择时有更大的空间。对于内容具有地方特点的文献搜集范围，主要包括以下几个方面。

1. 地方史志的搜集

（1）地方志的搜集。地方志是综合记述某一区域历史和现实状况的百科全书，是地方文献搜集的重点。在省、市级图书馆搜集对象中，地方志是首要部分，主要包括中华人民共和国成立前编写的与当地相关的岛屿志、关志、所志、卫志、里镇志、乡土志、县志、厅志、州志、府志、通志等，以及在中华人民共和国成立后编修的连队史、厂矿史、村史、乡（公社）史、县志、州志、省志等。无论是各种印刷本还是手抄本或者稿本都要搜集，不仅如此，不同时代编修的不同版本以及官私编修的不同版本也要搜集。在原书搜集不到的情况下，可以搜集其复制品。总而言之，对地方志的搜集要全面且系统。

由于历史原因，对现在行政区划已改变的旧志，其内容涉及现在省以上地区的地方志，有关地区的图书馆都要对其进行搜集。

有关地区的省馆还要搜集已经撤销建制地区的原省志。例如，已经撤销建制的西康省处西藏自治区和四川省范围内，所以西藏自治区馆和四川省馆都需要搜集《西康志稿》《西康概况》等原西康省志。

（2）总志的搜集。对于没有地方特点的全国地理总志，可以摘抄、复制其中与当地有关的内容进行搜集。

（3）专志、山水志、游记的搜集。其内容综述了全国专志和山水志等不在地方文献搜集范围之内的作品。同样，也是摘抄、复制其中与当地有关的内容。

要对与当地有关的区域性专志、游记、山水志内容进行搜集，不论是哪个历史时期的文献都要进行搜集。中华人民共和国成立之后编写的关于当地的名胜古迹介绍、水文水利志、财政税收志、交通志、矿物志等，不仅要搜集正式出版的内容，还要搜集没有出版的书稿。

（4）杂记类古地理书的搜集。杂记类古地理书对于关中地区的地理历史研究具有重要作用，其中与当地有关的要进行搜集。

（5）古籍中区域史志的搜集。古籍中的区域史志对于地区情况记录不够全面，但是其对于历史地理有详细记载，也应该将其收录进来。

2. 其他地方史料的搜集

除上面所说的几种文献外，其他文书文献和历史资料在此被归为其他地方史资料。这些文献资料不仅数量多，并且情况也比较复杂，因此有很多问题需要仔细斟酌。

（1）注意"史料"的搜集范围并与"文物"相区别。文物和史料不同，但是它们也有一定的联系，无论是文物还是史料都具有历史价值。但不同的是，史料是文字资料，而文物是历史留下来的实际物品。敦煌卷子、甲骨文等古代文字资料是文物和史料重叠的部分，既是文物又是史料。对于图书馆来说，具有历史价值的文字资料是主要的搜集对象，而博物馆主要搜集具有历史价值的实物。一些古代文字资料既是文物又是史料，这时博物馆负责实物原件的搜集，图书馆搜集这些实物原件的复制品。其原因在于图书馆要为读者提供阅读服务，复制品可以让读者看到想看的内容。

（2）搜集历史文书并与档案馆分工。区域内各时代形成的历史文书档案以及外地历史文书档案中涉及当地的内容资料，应属于地方史料的搜集范围。但由于数量太多，图书馆只能选收其中参考价值较大的文献，而且只收其副本或复制品，正本和原件最好由档案馆收藏。

（3）可适当搜集反映或涉及当地历史的文艺作品。和历史文献不同，文艺作品不能将社会现实直接反映出来，但优秀的文艺作品可以将社会现实间接反映出来。因此可以搜集一些能够真实反映当地历史的电视剧本、戏剧、民族史诗、小说等资料，但是在搜集时要对其选择标准进行严格把握。

（4）对古籍中地方史料的搜集。我国有着悠久的历史，古籍数量庞大，涉及地区资料的古籍不在少数，人们可以通过复制、购买等方法搜集这些资料。在史部古籍中除了上述内容之外，其他古籍中也有很多能够节录的地方史料。子部图书有着非常庞大的体系，地方文献的搜集范围不包括通用性的技术论著和泛论性的学术著作，但应对其中有地方特点的内容进行搜集。集部古籍中大部分是文学作品，地方史料更多地出现在地方官吏的别集里，应使用复制、摘抄的方法将这些资料搜集起来。

（5）区域内革命史料的搜集。无论是当地的社会主义革命、新民主主义革命还是旧民主主义革命的史料，都应该大力搜集。现代革命史料的搜集原则是实事求是。

3. 现实地方文献的搜集

目前，对于地方文献中是否包括现实地方文献，目前还没有达成共识，然而这些现实资料在进行地方文献搜集时不能被忽视。其原因在于，这些资料对今天而言是现实资料，但是对于未来而言则是历史资料。文献刚开始产生时比较容易搜集，因为具有很多复本；如果搜集不及时，等其真正成为历史资料后搜集起来则非常困难。在社会建设中，这些现实资料有很重要的作用，因此应该对其进行搜集，但是如何划定搜集范围需要进一步讨论。

（1）现实地方文献应慎选。搜集现实资料时应慎选，从严格掌握。

第一，应搜集地方特色强的。文献的内容必须具有明显的地方特点，这是搜集的基础。对社会科学的泛论性论著、自然科学的基本理论、应用技术的通用性文献等，一般不收。

第二，应搜集现实意义大的。既有地方特点，又对当地有较大指导意义或参考价值的文献应予搜集。虽有地方特点，但现实意义不大的一般性论著不予搜集。

第三，应搜集具有历史价值的。对当地发展不仅当前有用，而且在今后较长时间内也有参考价值的文献应搜集。

（2）现实地方文献的收录要抓好重点。搜集现实地方文献有以下几个重点。

第一，党和政府对当地社会建设的指导性文件，反映当地经济建设、改革开放重大成就、重要经验的文献。

第二，反映当地社会生活中重大事件的重要文献。其中包括共产党、人民政府、人大、政协、各民主党派重要会议的文献，当地的重要立法，重大的政治、军事、宗教、民族事件记述、报道。

第三，当地各种社会调查、统计资料。如人口调查、统计资料，经济建设和社会发展的调查、统计资料，民族、宗教调查资料。

第四，反映当地地质、自然资源、自然地理、水文、气象、自然灾害等的资料。

上述文献，不分文献类型，不分文献载体形态，不分文献文种，均应尽全搜集。

（3）把握好现实地方文献的划界。在搜集现实资料过程中，经常会遇到与文书档案、技术档案的划界问题，对其界限的把握如下。

第一，既具有文书性质，又属于地方文献收集范围的资料，图书馆只收其副本、复印件及报刊已发表或已汇辑成册的，原件由档案馆收藏为好。

第二，对技术资料，图书馆只收具有明显地区特点而且具有历史价值的，不收通用性的。

（二）地方人士著作的搜集

关于文献搜集范围是否包括地方人士的著作，目前存在两种看法：一是主张不搜集没有当地内容的著作，二是只要是地方人士的著作都纳入搜集范围。要把所有当地人士的著作都搜集进来比较难，因此可以只对当地名人的著作进行搜集。

（1）区域内名人著作。大多数区域内名人著作都反映了当地政治、经济、文化等方面的情况。很多著作的内容与当地有很大联系，其写作背景也会与当地有关，有利于当地历史研究。写作背景是当地社会现实作品对于当地历史研究具有重要的参考价值。

当地名人指古代或者现代原籍属于当地的知名人士，例如"三苏"是四川名人。还有原籍不是当地但是在当地居住或者任职并且有影响力的人，如杜甫曾在四川居住过，也属于四川名人。

作者本人的创作是著作，其主要形式包括艺术作品、学科专著、论文、书信、文学著作等。除了搜集已经刊印的当地名人著作，对于未刊印的作品也应该进行搜集。如果没有找到原书，则要寻找复制品搜集，要尽量全面地搜集。如蜀人著作集有（宋）袁说友编《成都文类》、（明）周复俊辑《全蜀艺文志》、（明）曹学佺辑《蜀中著作集》、（明）费经虞辑《蜀诗》、（明）李调元辑《蜀雅》、（明）傅振商编《蜀藻幽胜集》、傅增湘辑《宋蜀文辑存》等。对地方丛书，如省区的"岭南遗书""畿辅丛书""湖北丛书""豫章丛书"，及郡县的"盐邑志林""泾川丛书""金华丛书""金陵丛刻"等，也应尽量搜集当地的名人著作。

（2）完整搜集名人著作。如果可以将当地的名人著作完整地搜集，当地图书馆的地方特色则会更强，对于地方志的编纂也非常有利。要把所有地方人士的著作都搜集起来是难以实现的，其原因在于地方人士众多，即使不搜集古代著作，现当代地方人士著作的数量也非常庞大。如果只搜集地方名人著作，搜集工作则更容易，并且地方名人的著作会更具有参考价值。

（3）区域名人的传记等。对于当地的历史研究来说，当地的名人传记、年谱、家谱等具有很大的参考价值，所以地方文献搜集范围应包括当地名人的著作及其传记。与此同时，对于地方文献较少的地区，搜集范围还可以再放宽，有些县级图书馆在搜集本区域的地方文献时，在上述地方出版物和地方人士著作不多的情况下，也可以全部搜集。

（三）地方出版物的搜集范围

图书馆界对于地方文献搜集是否包应该括地方出版物没有达成一致观点。对此，应该认真分析，不同情况不同对待。

1. 当地的正式出版物

地方文献搜集范围应包括当地的正式出版物，无论其内容有没有地方特点都要搜集，原因如下。

一是根据《省（自治区、市）图书馆工作条例》，要尽可能全面地搜集当地的正式出版物，因为这些正式出版物通常会包含地方特色内容，其在出版方面也有地方特点，将其搜集进来有利于给读者提供全面的阅读服务，也方便管理。

二是当地正式出版物可以直接展现出当地出版事业的发展情况，还能间接反映当地经济、文化等情况，对于当地文化发展的研究非常有利。如果只搜集内容有地方特点的正式出版物，收藏体系则不够完整，也不符合《省（自治区、市）图书馆工作条例》的文件精神，对于读者完整地了解当地正式出版物十分不利，所以应制订切实可行的搜集方案。对当地出版社重印或翻印的版本，以及影印外国出版的书刊不予搜集。

2. 出版地作为界定范围

（1）出版地的变化。出版物有自己的生产地和生产者，其生产过程分为精神产品生产、精神产品的加工和再创作、物质产品生产三个阶段。生产精神产品的过程中需要物质，同样生产物质产品的过程也需要精神。例如，在图书生产过程中，首先要创作编写书稿；其次是出版人选择和加工已经创作出来的书稿，使书稿的使用和审美价值进一步提升；最后要将书稿印刷成图书并大量复制。拥有版权的出版单位和出版人所在的地点是出版地，拥有版权的出版单位和出版人所在地的出版物是地方出版物。

（2）出版地应该作为界定地方文献的范围。无论是出版单位还是出版人自身都具有比较鲜明的地方特点，一定程度上体现出地方政治、经济和文化方面的特点，也会受到地方政治、经济和文化影响。在图书出版过程中，出版人要选择、加工和修改书稿，因此出版人的审美直接影响图书内容。出版人在图书印刷之前做出脑力工作，以让地方出版物具有明显的地方特色，这也是地方文化的重要组成部分。评估著作的学术含量以及定位，可以更好地展现出其思想和人文倾向。地方出版物是一个区域的精神产品，出版地方文化志和史料时，地方出版物是重要的基础材料，对于地域情况的研究非常有价值。

（3）在出版地原则下灵活选择。出版业在古代和现代有明显区别。在古代，中国图书的出版量处于世界领先地位，并形成三大系统，分别是家刻、坊刻和官刻。到了近现代，出版印刷行业使用新技术，每年出版的图书多达10万多种，而每种又至少有数百万册的发行量。每年每家出版社至少出版上百种图书，其出版量更是多达几百万册。如果将其全部纳入地方文献搜集范围，则这项工作难以完成。如今，出版业的发展越来越迅速，图书数量越来越庞大，地方文献的搜集工作也需要变通。目前，根据出版地原则，各地图书馆要结合自身情况灵活处理。在经济水平较低、管理条件不好、出版量又很大的地方，要采用比较严格的方式，反之要采用相对宽松的方式。对有关当地内容和当地人士著述内容的出版物要进行搜集，其他出版物的搜集情况要考虑以下条件：一是出版物被列入出版工程规划，意义重大，有较高价值，二是出版物在国内外有一定影响，三是出版物获得市级以上奖项，四是出版物在印刷和设计上有本地特色。

3. 著述者出生地与户籍的处理

地方人士著述问题主要讨论的是，著述内容未涉及地方的地方人士著述是否属于地方文献的搜集范围。这是一个长期争论的问题，其主要争议焦点有三个：一是没有地方内容的技术性和理论性的著述是否属于地方资料，二是地方人士的界定是否以著述者的籍贯为标准，三是如何界定"客籍"。

（1）内容未涉及地方的地方人士著述问题。文献的地方特征，不仅体现在内容上，也可以体现在出版地和著作者个人。很多地方人士著作中描述的内容并没有指定区域，但是由于著作者具有地方属性，所以其著述内容必然有地方特色；从地方人物角度来看，人生传记、年谱、评传等对于地方历史的研究非常有价值，但是地方人士的著述才是研究区域人物最原始的资料，而非传记、年谱等。一系列学术成果组成地区学术史，文献著述也能够将学术成果表达出来。大部分的技术史和文化史都能够在著述中体现。研究地域文化时，需要将地方人士的学术著作包含其中，否则会有失全面。因此仅以直接记载某地域内容作为地方文献的标准于情于理都是行不通的。

（2）著述者的籍贯作为界定地方人士的标准的问题。当前，界定地方人士的标准确定为出生地。出生地对于每个人来说都不能改变，其最利于展现人的地方特征，所以，将出生地作为界定地方人士的标准更加科学。

（3）"客籍"应该怎样界定。"客籍"的界定具体情况相当复杂。我们认为，把户籍作为界定外来地方人士的著述是否属于地方文献的搜集范围是合理的。

第二节　地方文献搜集的原则与内容

一、地方文献搜集原则

地方文献不可胜数，对其的搜集应该说是一项复杂的系统工程，是开展地方文献的基础性工作。地方文献资料的有无、多少、正误、真伪、曲直，是决定地方文献质量优劣的基本条件。因此，在搜集过程中必须明确地方文献搜集原则。遵循这些原则开展工作，对于加强地方文献工作、保护地方文化遗产与弘扬地方文化有着重要的实际意义。

（一）搜集时间不分古今原则

每个地方的发展历史不尽相同，有的拥有几千年历史，有的具有几百年历史。记录这些历史的材料就是地方文献。要完整地反映当地历史事实，需要进行广泛的搜索和记录。在时间上应遵循以近期地方文献为主要收藏范围并逐步回溯的原则。

首先，当代社会的地方文献资料异常丰富，在电视、网络等现代科技技术的协作下，这些原始的一手资料能够直观地展现在人们眼前，并帮助人们还原当地的原始情况，是帮助人们探索当地经济发展、政治改革、科技运用、文化和教育事业发展的重要材料，后世要特别注重对其进行保护，否则很容易在历史进程中将它们丢失，若只在后续对其进行修复和完善，将需要付出沉重的代价，有的文献甚至永远无法找回，这将影响对当地现实情况的了解。

其次，创建具有完整内容和多样类型的地方文献，能够帮助图书馆不断完善当地的文献收藏和保管体系，有利于对当地的文化进行宣传和推广，也有利于利用单位图书馆进行文献推广,能够增加图书馆的影响力,并提高图书馆的利用价值。

最后,随着时间推移,很多古代文献由于保存方法的失误已经遭到破坏。面对这种情况,要将这些文件按照现代科学的方法进行析出。对当地文献的收藏是一件长远的事情,文学工作者要根据从近到远的原则搜集资料。

在地方文献搜集工作中,古代和近代文献要尽量做到详细,现代和当代文献要更加注重地方特色,针对具有多种版本的文献要进行严格筛选。所以,图书馆在文献搜集工作中要坚持科学性原则,不能因为时间久远就不做搜集。不论是古代的、近代的、现代的还是当代的文献,都要进行完整搜集。

(二)搜集内容不分正反原则

人类历史发展的趋势呈螺旋上升,在环境因素约束下,人们会经历由肯定到否定再到肯定的历史进程,这也造成地方文献的历史特性,使地方文献成为历史的见证者和记录者。地方文献要通过详细、完善、正确的方式进行收藏和价值整理,这是一项系统工程,它能够广泛运用在科学研究、高层决策、经济和文化发展领域,并具有重要作用。

地方文献搜集主要从地方政治经济、文化教育、风土人情、社会发展等方面开展工作,其资料范围更是横跨国内国外。只要是反映当地实际情况的资料,不论是专业还是非专业,都要及时搜集和记录,交代清楚事情的起因、经过、结果及其造成的影响意义。搜集资料要有质量保证,特别是对非官方机构的资料、约定俗成的民间传说和网络上的相关言论等,要特别注意甄别其真实性;要以文件真实性、利用和保存的价值作为筛选标准,使得搜集到的资料能够客观、公正、概括性地反映当地实际情况。

地方文献是一种文化遗产,需要被永久保存,在搜集过程中要以当地标准进行搜集,要充分尊重资料的历史性和地域性,对于负面的史实材料要进行客观记录,这些都是后人了解和研究当地文献的重要参考。因此,在搜集地方文献中必须坚持"质不分反正"的原则。

（三）搜集地域不分内外原则

人是保存地方文献的主要对象，在历史发展进程中随着人员的流动，文献资料外流不可避免。当地文献工作者以保护当地区域文献和资料发展为目标开展工作，需要遵从地域性原则。通常对地域的划分主要以行政区域划分为标准。这种分类方式符合图书馆文献管理者工作的目标和意义。然而，"不同时代的行政区域也会发生变化，以现代的省、市为分界线的情况下，有些重叠的区域会随着时间变化发生地域变动。所以在搜集资料过程中，地区不能够分为明确的内部和外部地区，在地域范围内和地域范围外的所有资料都要进行详细搜集，特别是具有高价值的资料，更是如此"。

（四）搜集体裁不分新旧原则

传统文化的变革带动了地方文献体制的革新。在文献类型上，部分专家认为"具有历史价值的资料"也要包含在内。图书馆应搜集本地的、有价值的，能够利用视频、声音、照片、语言记录的地方文献资料。随着科学技术的发展，承载地方文化的新型媒介已成为当代最重要的地方文献信息来源，所以，要加强新兴媒体对地方文献资料的关注度。有些高质量的地方材料在当地报纸、电视、网络等媒体中产生，这些媒体能够对当地动态进行实时播报，如果不重视这些媒体的作用，不及时进行资料搜集，会造成有价值文献资料的流失。

传统的文献工作者由于生活年代和使用习惯的影响，容易忽视高科技下的文献资料。通过网络途径，声音和视频资料等具有传播速度快、保存容易、表现直观、信息存储量大的特点，网络逐渐成为人们生活中常用的表达和传播媒介。因此，搜集文献时要坚持载体不分新旧的原则，要特别注重对新兴媒体材料的搜集。

（五）搜集种类不分点面原则

要反映地方实际情况，需要对官方的，非官方的，完整的、不完整的资料进行全面搜集和整理。如果做不到这一点，则很难真实反映当地情况。所以，搜集地方文献的工作要不分点面地开展。不论是文字完整、信息量大的重要事件资料，还是文字残缺、信息量小的零碎信息资料，都要进行详细搜集。搜集的过程要以图书馆的基本方针和原则为指导，要结合当地政治、经济、文化发展和读者的切实需求，要搜集对图书馆有用的资料。有些比较冷门的资料没有太多的利用价值，不需要投入大量的人力、物力，要对它们进行判断和筛选，不符合搜集条件的应不予以搜集，以此保证搜集的质量，并将时间和精力投入其他更有价值的文献资料中。

（六）普遍搜集与重点搜集相结合原则

搜集地方文献是在整理和保存地方文化遗产的同时，更好地充分开发和利用地方文献中具有现实参考价值的部分，为当地经济发展和社会进步提供科学依据。因此，要把当地经济和社会中发生的大事、要事以及对当地的发展产生重大影响的人作为重点搜集对象；要将完整搜集和局部搜集相结合，并对有价值的局部进行重点搜集。从单一图书馆体系来讲，当地政治经济、文化教育等文献十分重要，但是对当地具有历史意义的重大事件、重要贡献者是比这些文献更重要的资料。例如，沈阳既是九一八事变发生的历史地，又是张氏父子的居住地，沈阳图书馆在文献资料搜集工作中要将历史事实，官方出版机构与非官方出版机构制作的文献资料，国内外、中英文的资料等，及时进行完整搜集，并形成以九一八事变为主的文献资料库。

（七）搜集方式不分难易原则

从搜集地方文献的实际情况来看，即使是安排专人负责，一个人也很难将所有文献搜集齐全，所以要坚持"发函联系与派人登门搜集相结合、以发函联系为主"的原则。通过发函联系，表明图书馆对搜集地方文献的重视，以求得社会各单位和个人的支持。该项工作一般都能够得到社会上多数单位的大力支持，有许多单位还主动把资料送到图书馆收藏。安排专人上门联系也是一项重要措施，特别是针对重点单位和重点文献，要积极派遣专人对单位、文献持有方进行拜访，对文献进行记录等，这是保证资料完整性的一个途径。少数单位出版文献时间较长，大部分出版机构会不定期连续更新和出版相应的文献资料。文献搜集管理者要时刻与这些单位保持联系，并建立长久的资料搜集关系，形成一个搜集资料的关系网，以此保证资料的完整性。

（八）搜集渠道不分主辅原则

图书馆可支配的预算是有限的，甚至是紧缺的，文献的搜集工作又是一个漫长的、工作量大的过程，所以，图书馆应发动社会各界力量向图书馆捐赠文献，遇到特殊情况时可考虑对文献进行购买，以避免文献资料的流失。搜集坚持以捐赠为主，购买为辅的原则。政府每年的专项投入是非常必要的，要积极努力争取地方文献经费制度化、法律化。

二、地方文献搜集的内容

（一）地方文献搜集目标的制定

明确的搜集目标，是做好地方文献工作的前提和基础。因此，各级图书馆应从实际出发，要根据当地实际情况，确立符合自身水平、可操作性强的地方文献搜集目标，并需要制订近期和长远规划；要成为所在区域规模大、资料全的地方文献收藏和研究中心；要实现地方文献搜集目标，得到地方党政机关和地方各部门的全力支持，使其在人力、物力、财力以及政策上给予倾斜，以加大地方文献的搜集力度。在考虑全面性原则的同时，也要突出重点，追求文献数量的同时要重视文献质量。这项计划可分为长期计划和近期计划两部分。根据当地实际情况、文献数量、文献特点、管理人员情况，可以制订出可执行的短期规划[1]；长期规划的制订要考虑当地政府方针和当地未来发展的相关目标，拟订以后的收藏方向。地方文献工作做得出色的图书馆，大多有明确的目标。在搜集地方文献时，要按照事先定好的搜集目标，分清哪些资料属于地方文献，真正把具有当地特色并且有资料收藏与利用价值的文献搜集齐全。

---

[1] 郭亚. 浅谈公共图书馆地方文献的收集工作[J]. 中文信息，2017(11)：47.

（二）明确地方文献搜集内容

图书馆除了搜集地方出版物、地方人士的著作、论及地方和地方人士的著作之外，还应着重搜集以下类型的地方文献。

（1）地方志。地方志是以一定的体例记载某一区域自然和社会各个方面或某个方面的历史与现状的著述，是某个地域专门性的原始记录文件，这一领域至今已有两千多年的历史传统，且受到各个时期人们的重视，是一种综合国情、省情、地州（县）情的活化石。有能力的地方图书馆是对地方志最好的收藏与保护场所。据了解，国家图书馆收藏的地方志有数万种之多，依照地方志记载的内容范围不同，又可分为综合志、专志、部门志、杂志等。

（2）地方史。地方史是记述某一地方社会发展过程的史书，可分为综合性和专门性两类。

（3）回忆录、传记。记录其作者或为之立传之人的亲身经历并形成文字的文献。

（4）谱牒。一种与地方史志有同样悠久历史的地方文献，数量非常大，在我国有十万余种。个人的生平事迹通常会和当时的时代产生联系，例如，家族兴衰、英雄的产生等通常都是时代的产物。谱牒开始是用于记录家族内部关于农田分配、嫁娶、功名等情况的家族史实，有家谱和族谱两种类型。家谱是研究人口方面的重要参考资料，是研究家庭数量、人口结构与增长速度、家族兴衰的重要因素，是帮助探索社会人口、职业、婚姻等情况的参考。族谱不但记录了家庭相关氏族关系，还有家训、祖祠、传记、杂记等对地方文献有用的资料。

（5）论著。作者在相关材料基础上表达自己观点的一种作品，具有严格的推理性和严密的系统性。一些地质、农业、历史、考古、民族、美术等方面的论著也加入了地方特色内容。所以，要对具有地方特色的相关论著开展搜集工作。

（6）地方档案。档案指国家相关机构、社会组织或者个人形成的历史记录资料，主要包括政治经济、文化教育、科学技术、风土人情等，其保存形式主要包括文档材料、照片、视频、声音等，例如现行档案和革命历史档案等。

（7）地方报刊。地方报刊是以报道地方时事、政治、经济、现实新闻为主兼具其他内容的定期或不定期的连续出版物，如《四川日报》《现代阅读》等。

（8）地方丛书。以地区为范围，专收某一地区人士的著述。

（9）地方年鉴。对一个地方在一年内重要事件、相关数据进行信息统计工具的资料书籍。

（10）地方百科全书。一种概述地方知识的著述。

（11）地方人士的文集、笔记、日记、信札和当地著名书法家、画家的作品。其是研究某一地方有影响的人物的重要资料，如《鲁迅全集》《鲁迅日记》等。

（12）地方人事碑志。一种石刻形式的材料，通过在石碑上镌刻文字，可以记录相关史实和事迹，主要有刻石、石经、造像等形式。

（13）地方图录。一种包括地图、历史记录、相关人物、艺术、科学等方面的资料记载。

（14）地方音像数字资料。一种通过物理方法记录相关声音、视频、照片材料的资料，通常以磁带、光盘等形式进行储存，以便人们进行信息查询，如地方信息数据库等。

（15）地方文献目录。对一个地区相关自然、人文环境的描述，进而通过特定的编排方式进行加工，例如《东北地方文献联合目录（1～3辑）》《重庆地区古农书联合目录》等。

第三节 地方文献的搜集途径

搜集地方文献是一项复杂、艰苦而又细致的工作，因为涉及面广、工作分散、耗费时间长，往往需要几年、几十年甚至几代人的不懈努力，才能形成一定规模的地方文献馆藏体系。虽然地方文献的搜集工作困难重重，但是只要明确地方文献的搜集途径，便可以使搜集工作事半功倍。地方文献的搜集途径可以分为以下几种。

（1）征订。即在不同出版社长期订阅地方文献。出版社出版的新书如果和地方相关，图书馆应及时与之联系进行预订。对于如地方年鉴等连续性的出版物，图书馆要坚持订购。

（2）现购。借助网络、报刊、书目等渠道获取地方文献发行动态，定期到书店、书市、书摊，通过函购和现场采购等方式搜集。同时，旧书市场、废旧物品收购站和造纸厂回收的废旧书刊中，也可能有具有价值的地方文献，图书馆可与其建立长期友好联系，并争取得到他们的帮助和支持。

（3）缴送。地方文献通过呈缴本制度来丰富文献系统。相关单位、团体和个人要按照规定，将手上资料送交至图书馆，体现政府在保存地方文化遗产、执行地方文献呈缴制度方面的带头和示范作用，这也是政府公开政务信息的重要途径和方法。免费向公共图书馆缴送，能够加强图书馆的辅政功能[1]。呈缴本制度是一个国家或地区为完整搜集和保存全部出版物的好办法。

（4）捐赠。通过"馆藏地方文献展览"等相关交流活动，将本地政府部门、单位及相关文献爱好者邀请到现场，并通过新闻媒体的力量进行宣传和推广，将捐赠信息扩散出去。

---

[1] 张炜．浅谈洛阳地方文献的收集与整理[J]．兰台世界，2014(14)：64-65．

（5）索取。经常派工作人员与地方志办、党史办、政协文史委员会、社科联、科协、文联、新闻出版管理部门等相关部门取得联系，及时掌握有关信息，主动登门搜集地方文献；利用电话采访、介绍信访问、上门拜访等形式与之建立联系，以此表明图书馆对文献搜集和地方文化保护的决心，并以此得到社会各界认可和支持。个人和重点单位更要分派专业的跟进人员对文献进行保护和搜集，进而避免这些资料的流失，造成图书馆馆藏的损失。

（6）交换。经常与本地社会团体、学会、研究会联系，与他们建立协作关系，互通有无，互为补充，定期交换地方文献。这是一种最常见的获取文献方法。可以与研究机构、企业图书馆等开展交换工作，他们手中的材料通常具有极强的专业性和极高的收藏和利用价值，不可能通过公开征集得到。所以，建立完善的交换网是帮助完整搜集地方文献资料的重要途径。

（7）复制。一种对地方文献资料进行补充的手段。部分资料发行数量少，无法通过交换等方式获得，所以只能进行复制操作。对于一些年代久远、存世稀少、具有收藏和利用价值，又不易搜集且读者又很需要的文献资料，地方文献搜集人员要采取复印的方法，补充地方文献的不足，完善馆藏体系。

（8）网上征集。利用互联网的形式开展线上搜集工作，论坛、邮件、微博等宣传工具都是良好的载体，能够对信息起到良好的宣传作用，并将搜集的相关信息，包括搜集的内容、意义、范围等进行公布，进而引起广大网友的积极参与，是一种不受时间和空间限制的搜集方式，具有广泛的选择权。

第四节 地方文献搜集的问题与对策

一、地方文献搜集问题

(一)重视程度不够

社会各界对地方文献搜集工作的重视程度不够。许多出版社或相关部门对图书馆的发函不予理睬,或者直接拒绝,这些都增加了文献搜集的难度。这个问题的出现既有相关机构领导的工作方式问题,也有图书馆工作方式的因素。很多图书馆没有把地方文献的搜集工作放到应有地位,没有制定具有指导性的政策,缺乏长期规划,缺少短期安排,没有把地方文献工作当成自己的责任,缺乏主动性和积极性。

(二)宣传力度不够

在进行文献资料搜集时,工作人员要积极将搜集到的情况、工作意义等内容宣传给社会大众,扩大地方文献搜集工作的社会影响力;通过舆论引导激发当地有关部门、单位、文献爱好者和个人的捐赠热情。地方文献通常是分散的,特别是非官方出版机构的文献资料在搜集上更加困难。这些非官方出版材料主要是机关团体的相关资料、印刷的地方材料、专业人员的相关汇编材料等。没有刊登过的资料主要包括个人日记、相关文献的手抄本、书籍的原稿等,还包括名人的自传材料。

（三）工作人员能力参差不齐

目前，图书馆普遍缺少地方文献的专职采集人员，地方文献的搜集人员流动性较大。人员结构体系不全，突出表现为地方文献搜集工作没有实施专人负责制，没有做好新老交替及老带新制度。地方文献工作人员普遍存在学历层次低、知识体系浅、搜集能力弱等情况，严重影响和阻碍了地方文献搜集工作的整体进程[1]。地方文献具有种类多、涉猎广、形式多样的特点，需要具有责任感、专业能力的人来完成搜集工作。地方文献搜集工作是一项长久的工作，需要一种精神和毅力，而且需要不断更新自己的知识结构体系，不断提高熟练掌握本地人文、历史、地理知识的文化素养。

（四）经费投入不足

图书馆经费不足是个普遍性问题。地方文献读者较少，阅读量低，但是文献资料的搜集和出版需要的投入较大，很多图书馆对地方文献收藏没有重点关注，没有进行合理的经费分配，没有设立专项经费，搜集经费投入力度不足，对搜集工作产生了一定消极影响。

图书馆在普通图书上分配的预算较多，剩下的经费才用于采购地方文献。随着印刷工艺和材料费用的上涨，图书和文献资料价格不断提高，这对经费不足的图书馆来说是个巨大的挑战。

（五）地方文献载体形式不明

地方文献的载体具有多样性，这也对地方文献搜集造成了一定的困难。随着科技不断发展，磁性材料、互联网传输等新型技术被用于文献存储，丰富了文献的存储形式，网络信息文件、语音文件、视频文件、电子文档文件等得以与纸质文件共存，这在某种程度上造成了搜集的混乱。文献工作者除利用传统的纸质获取材料外，还要进行系列资料文件格式转载等工作，这也造成新问题的出现。

---

[1] 王业荣，江敏．浅谈图书馆地方文献的收集与开发利用[J]．卷宗，2018（12）：16．

二、地方文献搜集的适应对策

（一）寻求政府部门支持

地方文献是全社会的责任，要呼吁社会各界积极加入，图书馆无法独自完成完整的搜集工作。积极争取政府的支持，通过呈缴本制度和地方正规文件的发布，调动有关部门的积极性，帮助文献搜集工作步入正轨。图书馆从上到下、从领导到普通职工要具有高度的思想觉悟，要充分意识到文献搜集的重要意义，知晓其对当地政治经济的影响作用。特别是在身处互联网时代的今天，地方文献的作用越来越重要，它是帮助地方经济建设、促进区域文明建设的重要手段。图书馆地方文献工作是帮助当地发展市场经济的重要辅助工具。

（二）建立专门的机构和人员

健全稳健的文献搜集制度是保障文献搜集工作有序进行的关键，为此，要成立专门小组、安排专业人员，进行目标明确、重点突出的搜集工作。文献工作者要具有社会责任感、专业文化素养，熟悉当地政治、历史、地理人文特色，能够准确搜集所需资料。图书馆要坚持以人为本的原则，为文献工作者创造更好的条件，不断完善他们的知识结构，不断提高他们的专业素质，不断增强他们的社会责任感，积极调动每名文献工作者的工作热情，使其投身地方文献事业中。

（三）建立地方文献征集网络

文献征集是一项烦琐、工作量大、涉及多部门的工作，文献中有很多非官方出版机构的资料，它们增加了搜集的难度。文献工作者要通过相关出版部门了解实际情况，并与相关出版人员建立合作联系；在日常报纸剪辑工作中要搜集资料，同时发挥现代互联网技术的信息搜集能力，通过高科技手段帮助获取相关动态信息；积极参与地方相关活动，如出版社会议、学术研究会议等；利用采访、暗访形式搜集资料；发挥当地科委、党史办公室、学术研究机构、教育部门、高校、企业等的作用，进而形成资料搜集的网络系统。

（四）加强地方文献交流协作

图书馆内部的系统协作、与外部图书馆的学习借鉴和信息交流等都是促进馆藏发展的重要途径。除此之外还要加强与档案管理局、博物馆、文物管理局等单位的合作，通过团队合作的力量进行目录制作、资源共享等分工合作。利用各单位编史修志之需与来图书馆查阅史料之机，与相关工作人员建立联系，待完稿付印后，为之争取馈赠。图书馆更应该组织人员积极宣传地方文献的重要性，主动掌握线索，从而逐步建立地方文献搜集交流机制。

（五）充分发掘馆藏并提供优质服务

很多高价值的文献和其他馆藏书目混杂在一起，需要管理人员对其进行细致划分。为此，管理人员应多学习、多读书、多做笔记，将高价值的文献进行归纳、整理和编排，并按照特定的目录将其放在引人注目的位置。这种方式可以丰富馆藏，并为后续的馆藏服务提供保障，为馆藏提供资源储备；按照馆藏优势对二次文献进行进一步挖掘、编写，进而发展检索体系的完整性。有条件时，可建立全文数据库、书目数据库、专题数据库、报刊索引数据库等类型的地方文献数据库，全方位展示馆藏，以便有效地向用户提供多样化服务。

（六）馆藏地方文献展览的举办

图书馆的专题展览活动和文献陈列形式要根据当代社会热点问题、当下的形势与政策进行规划，重点展示当地历史渊源、文化精神、民俗特色、名人名言等。地方文献分类具有专属规律特性，不同省、市、县都有各自文化、政策、经济发展特色，尽管同一地区具有相似性，具有统一的指导思想，但是其在细分方面又具有差异性。相信在未来，经过人们不断探索和实践，图书馆系统内将会形成一套通用类型的文献分类，进而促进资源共享的发展。

第五章 我国图书馆地方文献的整理工作

在地方文化文献搜集、整理和出版工作如火如荼开展的今天，各地图书馆已把地方文献建设作为文献整理工作的重点之一。本章重点解读地方文献分类、编目以及地方文献的典藏。

第一节　地方文献分类

一、地方文献分类标引

（一）地方文献分类的本质

从地方文献内容来看，地方文献反映的是一种特定地域范围内事物的存在现象，而不是认识，更不是规律性或理论化的认识。所以，地方文献反映的是事物的地方特性，而不是该事物超越地域范围的共性。因此，地方文献中不可能有哲学等纯粹是人类对自然和社会的宏观认识，其原因在于相关的宏观认识内容并非是某一地区所特有的。自然及社会科学的基本理论也不应保存于地方文献中，因为不同地域的人对此能够达到共识，这些内容也不具备地域性的特点。

地方文献中对于人文环境、自然环境以及涉及地域的事项记载，是对地方事件及事物的真实、客观的记录，能够体现地方文献的实质。人们通常习惯将对地方过去的一些信息记载称为地方史料，因此所有地方文献也会被称为地方史料。读者来图书馆查询使用地方文献，是为了获取带有地方特色的事物信息，搜集和查询除地方文献之外的文献资料目的，也是希望从中获取事物中带有共性的信息。

（二）地方文献分类标引的现状

由于各家图书馆对于地方文献的思想认识不统一，目前国内地方文献的分类还没有统一标准。地方文献具有地域性和类型的复杂性，使得各馆采用各自不同的分类理念，其依据各不相同，出现了多种方法并存的局面，这使地方文献的分类处于目前的混乱状态，主要有以下表现。

（1）在某种分类表基础上做局部调整。目前，图书馆所采用的分类表大多按照现行标准进行，在分类过程中会根据地方的实际情况稍做调整。比如有些图书馆在编制本馆的地方文献目录时，将期刊、图书、报纸划出单独序列，然后根据地方文献的所属分类进行排列。但是，图书馆自行制定的地方文献分类法必须要以《中图法》为基础，通常在《中图法》无法反映地方文献全貌时，根据实际情况增加能够体现当地特色的类目。

（2）对某种分类表做较大修改。一些图书馆会对现有的某种分类表进行较大修改，以适应地方文献分类工作的特殊要求。如广东省图书馆根据"地方文献应有特殊的分类法"的观点[1]，将《中小型图书馆图书分类表（草案）初稿》（1956年版）作为分类依据，结合广东当地的特点进行修订和变通，形成《广东地方文献分类表》。其分类表分为三个主要部分：一是史料部分；二是人物部分；三是出版物部分，每个部分有所属区号。广东省的史料以 0 为标记，各县市的史料以 1～7 为标记，人物史料以 8 为标记，出版物史料以 9 为标记。人物部分中所涉及的年代分别用 A～Z 代表。各个类别下还分出了更细的类目，将统一的分类表与本地的实际情况做了很好的结合，并采取灵活变通的分类办法，用数字代表不同的区域划分，分类清晰而有序。按照这种方法进行分类的目的是保证分类体系相一致，并在此基础上突出地方特色，但在此过程中也存在一些问题，因为使用数字作为地区编号，在目录组织和图书排架时只能按照地区编号进行排列，学科排列只能居于地区编列之后，这样在实际操作过程中，一些相同门类学科的内容会趋于分散，读者只能按照地域途径进行文献内容的检索，而原有的文献分类表是按照学科体系进行排列，这样的改动使学科分类失去了意义。

在实际分类工作中，使用数字编号代表不同的地域是在计算机出现之前很多图书馆所采用的分类方法，也是当时对文献分类的一种尝试。在计算机技术普及的当下，区分文献地域性的问题已经可以通过地域主题词的设置得到解决。

（3）编制地方文献专用分类表。有的图书馆参照通用分类表，根据本地地方文献特点，编制出了适合于地方文献的分类表。

上述三种分类方法虽然有效突出了地方文献的区域特色，但是从总体上来讲，并不利于地方文献共享。目前，大多数图书馆都推行了网络化、现代化的管理方式，

---

[1] 赵大志. 地方文献建设研究 [M]. 成都：西南交通大学出版社，2012.

图书馆不仅要突出文献的地方特色，而且要考虑地方文献资源的共享问题，更要便于地方文献的检索和使用，为读者提供更多的方便。因此，各地图书馆在对地方文献进行分类时，依然要把《中图法》作为基础和依据。

（三）地方文献分类现状的利弊

1. 多种分类法并存

不论是调整还是修改分类表，其分类思想及方法都来自《中图法》以及《中小型图书馆图书分类表（草案）》。按照上述分类法对地方文献进行分类，可以省去编制专用分类表的时间和精力，文献分类工作人员也不必重新接受业务培训。在建馆初期，图书馆可以组织已有的专业人员采用惯用的数据生产方法，迅速开展工作。因为本馆与母馆在文献分类方面有着统一的标准，便于在不同图书馆内开展检索，也能让不同图书馆的文献资料实现共享。但是，这种分类方法存在一定缺陷，即其与地方文献的特征以及性质完全不相符，无法充分显示出地方文献的特点，也不符合用户使用地方文献的习惯，所以会给读者使用地方文献造成一定不便。因此，一些图书馆在对分类表进行重新编制的过程中，大多会以地方文献所表现出来的内部特征为基础，也就是以文献所展现出来的地方事物作为标准对地方文献进行分类，这样的分类法与地方文献所具有的特征以及性质相符，同时也符合地方文献用户的使用习惯。

2. 多种分类法并存是地方文献发展的阻碍

地方文献分类的依据十分多样化，从短期来看，可能在一定时间范围、使用范围内显得相对"合理"，但是这并不利于地方文献及其事业的长远发展。随着地方出版事业的发展，地方文献的出版量大增，不同图书馆之间的联系更加密切，如果图书馆中存在多种分类方法并存的情况，则会阻碍地方文献的管理与发展。

（1）阻碍地方文献学科发展。图书馆分类法是在特定哲学思想引导下，借助知识分类的相关原理，并按照一定逻辑方法，根据不同内容、不同形式、不同体裁以及不同的读者群所编制出来的方法。正因为人们对于地方文献的相关要素尚未形成统一、标准的认识，所以仍会采用不同的方法对地方文献进行分类。要将地方文献设立为一门独立的学科，首先要做好地方文献基础理论的探索与研究，明确界定学科所涉及的相关概念、学科的基本性质、学科研究的主要对象和学科的大致研究范围。目前，在对地方文献进行分类的过程中，多种分类方法并存的状况依然存在，给地方文献学科的发展形成了一定阻碍。

（2）阻碍地方文献资源的共建共享。图书馆作为信息部门之一，其发展的终极目标是实现文献资源的共享，这将是人类实践的最终结果，也是社会发展的趋势。要实现资料共享，就需要保证资源有稳定可靠的来源，进而需要实现资源共建，要求有一定的约束机制作为各方的工作依据，要制定详细的规章制度，比如图书馆之间经协调后联合进行采购，文献采用相同的编目方法，将本馆资料上传至网络进行共享等。地方文献属于一种特殊的文献，在资源共建过程中应当给予重点关注。但是，目前很多图书馆的地方文献由于采用了多种分类方法进行编目，其在分类方法上存在冲突，所以无法进行协调采购，也无法将文献资料上传至网络。如果地方资源无法实现共建，那么共享也就无从谈起。

（3）造成人力资源浪费。如果图书馆要制定自己的地方文献分类制度及方法，则必须安排自己的骨干或邀请专家，来花费一定时间和精力制定相关的制度及标准。分类法制定完成后，还要组织人员进行培训和学习，这样工作人员才能掌握新的分类法。各个图书馆若都按此法制定、学习质量优劣不等的分类法，无疑是对人力、物力、财力的一种浪费，而且图书馆之间的资源共享是总趋势，一旦实施联网，图书馆各自制定的分类法又将被推翻，要制定新的统一的分类办法必然造成新的浪费。

地方文献的分类具有一定规律性。虽然，各个地区都有着各自特殊的政治、经济、文化等的事物及现象，但是地方事物从整体上来讲大同小异。各个地区可以在总体的分类思想指导下，结合各自的实际情况对分级类目做出修订和调整，逐步实行统一的地方文献分类方法，上述相关问题也就迎刃而解了。

二、地方文献的分类标准与方法

地方文献分类的依据是分类表，同时分类表也是组织藏书的工具。分类表实际上是一个逻辑系统，其内部存在着一定联系，内部结构决定了分类表的系统功能。只有对文献及信息的中心内容有了合理归纳和准确分析，才能对其进行正确归类，其中的关键是需要对类目的含义做出准确分析和正确判断。如果不能准确掌握类目的含义，分类也会出现错误。

（一）合理可行的分类标引细则的制定

分类法的制定以普通图书馆为基础，带有综合性等特点，这种分类法并不一定适合所有的图书馆，尤其是有着较强专业性的图书馆。每个图书馆都应当根据自身情况，比如所承担的任务、所具有的性质、所面对的读者等制定更富针对性的分类细则，让分类工作有章可循。

图书馆学的分类标引是基础性学科，其实践性和操作性较强，需要综合运用多个领域的知识。图书馆的馆藏文献形式多样，内容复杂，有的论述一个主题，有的论述几个主题，有些文献突出体例，有些侧重的是体裁。面对这些纷繁复杂的情况，要保证归类的准确性，需要有相关的规则对其进行约束。

分类工作的质量可以通过分类细则进行衡量，制定细则时要充分考虑各种因素，比如需要确定各种学科类目标引是简略还是详细，如何对馆藏的特殊类型文献做出处理，如何对类目进行复分，如何规定标引的相关程序，等等。同时，要不断总结在使用过程中出现的新问题，并加以持续的改进和完善，避免因人为原因而出现分类方面的差异，减少工作人员的主观性和随意性，进而保证分类工作有较高的质量。

为了让分类工作能够有章可循，相关人员总结出分类和标引工作的基本规律，并将其加以概括，形成能够被共同认可的分类规则。这种规则需要以学科属性以及专业属性作为依据，遵循一致性、实用性、专指性原则。在对文献进行分类时，应当符合分类法的要求，进而体现出逻辑性以及系统性。

1. 增加注释

现阶段，新的学科、新的技术层出不穷，学科间的交叉越来越频繁，图书馆的文献分类及标引遇到的新情况不断涌现，其工作难度也相应增加。因为分类人员不可能了解所有学科领域的内容，所以在此过程中需要增加相应的注释，让相应的类目以及主题词的外延、内涵更加明确。对于一些专业术语应当通过注释做进一步解释；扩大分类人员的知识面，促使其专业素质不断提升。对于分类信息取与舍的情况，也应当用注释做出适当解释，进而让分类标引工作具有一致性，提高准确性，以保证分类工作的质量。

2. 确定新型文献载体的标引规则

近些年，信息技术得到突飞猛进的发展，越来越多的文献已经不再局限于传统的载体，开始由印刷介质转变为光盘、网络出版物等新的介质。因此，目前分类标引工作面临着新的任务，即对各类电子出版物进行科学合理的分类及标引，以适应用户对文献资料及信息不断增长的检索及利用的需求。为了满足这一要求，需要科学制定分类工作的相关细则，利用规范化的细则管理电子出版物以及一些新形式的文献资料，进而让这些新形式的文献及载体发挥应有的作用。

3. 细则的制定应增加自动化方面的内容

有了计算机以及网络技术的快速发展，图书馆便可以从过去手工作业的方式转向网络化以及自动化。通过人工进行的分类标引已经无法满足用户在快捷、准确、全面等方面的查询需求，因此必须借助网络技术以及计算机技术辅助分类标引工作，实现自动化检索。为此，图书馆需要结合自身具体情况、特殊性质、兴建规模以及专业特点，制定可具操作性的分类规则，进一步提高分类标引的专指程度以及深度，借助分析及附加分类等手段，整理和分析馆藏文献的主题，不断增加用于检索的点，进而为用户提供更好的检索服务。

不同的文献有不同的属性、多种多样的著作方法及方式，有些文献资料的主题是唯一的，有些则有若干个主题；部分文献不仅记载着学科领域的知识，还涉及时代以及地域的相关内容；还有一些文献体例较为特殊。因为文献属性的多样性，对文献进行分类标引的实际方式也各不相同。比如对于单个主题、多个主题的文献大多采用一般性规则，而对于写作方式特殊、出版方式特殊以及形式体裁特殊的文献，采用的则是特殊规则，比如报刊、教科书、多卷书、古籍等，需要采用特殊的分类及标引规则。专业工作人员应当了解并熟练使用好这些规则，严格执行相关规则，才能提高分类标引工作的质量，为图书馆间资源的共享提供必要条件，同时也为各图书馆制定分类细则提供依据。

（二）严格执行分类标引的工作流程

为文献进行分类标引是一项非常复杂的工作，其工序较为烦琐，但又必不可少，每个环节都会对分类标引工作的质量以及速度产生直接影响。文献分类工作主要分为五个步骤：一是查重，二是分析主题，三是归类，四是类号的确定，五是复核。其中，分析主题以及归类是两个重要环节。在进行主题分析前，需要先明确文献及资料的中心内容，也就是明确文献主要的研究对象、专业性质以及学科性质，并且要理清文献资料的用途以及编写目的，才能对文献进行正确归类。

归类指根据文献的主计划规模以及所属学科的基本属性，确定其在分类表中所属类目，明确其特定的分类号码。如果无法透彻地对文献学科性质做出分析，则在归类时容易出现错误，标引也将难以做细。对于地方文献来说，其分类及标引的流程基本相同，具体可通过以下方式对地方文献的内容加以把握。

（1）分析题名。在进行主题分析时，可以充分利用文献题名的参考作用。文献题名通常是文献作者对其写作目的以及主要内容的概括与总结。但是，有些情况下文献的中心内容并不能通过题名反映出来，所以在进行主题分析时不能将题名作为唯一依据，其分类也不能仅仅按照题名的表面意思进行，否则很容易在归类时出现错误。实际上，分类工作常常因为题名的多种变化而出现各类错误或前后不一致的状况。

（2）阅读文摘、内容提要。通过对文献摘要、提要、序、目录的阅读，分类人员可以对文献的概貌有大致把握，了解文献范围、内容以及重点，并掌握作者的著作目的、编写过程以及使用方法等。

（3）浏览全文。有些情况下通过阅读摘要、目录无法进行主题分析，还需要对全文进行浏览，这样才能对文献的学科属性、论述范围、表达重点进行了解。

（4）借助参考工具书或请教专家。在对文献进行分类时，工作人员可以向相关领域专家请教，或是借助参考工具书了解文献所论述的主题及对象，弄清楚作者所使用的研究手法、文献所属学科。

（三）地方文献分类互见标引的含义

（1）提高地方文献标引的详细程度。涉及多学科多主题的地方文献，应根据文献内容的其他学科属性在相关类目做分类互见标引,从不同学科和专业角度揭示文献主题。因为运用分类互见标引,地方文献分类标引的深度得以增加,广度得以拓展。以往对地方文献使用整体标引,会使文献分类标引的深度以及广度受到限制,而分类互见标引方法的使用,可以弥补这些不足,进而令地方文献的利用率以及查全率得到明显提升。

(2)有助于提高地方文献分类标引质量。地方文献大多较为复杂,在进行分类和标引时容易产生前后不一致的情况。图书馆工作人员在进行学科归类时会站在各自不同角度进行思考,因此分析出的地方文献主题也会因人而异。若使用整体标引时,其选择的分类号码只有一个,会导致无法顾全所有文献情况;如果使用分类互见的方式进行分类和标引,这种状况则可以得到有效改善,地方文献的分类标引质量也会明显提高。

(3)照顾不同专业读者的检索习惯。通常,读者都习惯于通过自己熟悉的学科以及渠道检索文献,若对地方文献按照分类互见的方式进行标引,则可以满足有着不同学科背景以及检索习惯的读者,精准检索到所需要的资料及文献的需求。

(四)计算机网络条件下地方文献分类互见标引的可行性

过去,图书馆使用的是手工检索,其编目工作量大,目录体量有限,使得在对地方文献进行分类时,难以真正做到分类互见标引,这种标引方式大多停留在理论层面,实际分类时很少按此进行操作,导致对地方文献的标引过于简单,检索只能通过单一途径进行,文献检索既费时又费力,而且容易造成漏检的现象,使得地方文献无法在社会、经济、文化发展过程中发挥应有的参考作用。

当传统的手工检索方式逐步被更先进的网络检索方式替代后,图书馆文献检索系统的存储功能变得越来越强大,其处理数据的相关能力也有了明显提高,用户可以从不同角度、不同途径检索图书馆的相关文献,地方文献的检索准确率以及查全率有了质的飞跃,用户可以更加方便、快捷、准确地从这个检索平台获取需要的文献及资料。当通过计算机网络系统对文献目录等相关数据进行分类标引时,格式为CNMARC字段中的分类字号都可以重复全用,同一个文献可以以多个分类号进行标引。此系统会将分类索书号以及检索分类号进行分开设置,比如用于进行文献检索的分类号会被安置在 690 的分类号字段中，而分类索书号则会被安置在 905 馆藏信息的相关字段中。因为在检索系统中，发挥检索作用的分类号会自动形成倒排的文档，所以读者可以根据类号的不同长度或是相关的逻辑组合，检索需要的文献集合。

传统标引的过程会受到各种因素的制约，比如分类号的数量有限、检索工具的体积有限、编目工作量巨大等，检索系统的工作效率也会受到影响。而使用计算机检索系统后，这些限制因素都被排除，很多在传统手工检索系统中无法完成的检索任务，在计算机检索系统中变得得轻而易举，这为地方文献分类互见标引的应用创造了良好的条件。

三、地方文献的主题标引与人员素质的提高

（一）地方文献主题与地域主题字段的标引

文献标引所具有的专指度，可以通过其主题词以及主题词的相关组合得到反映。对于图书馆来说，地方文献是其中重要的一部分资源，在进行分类时应当尽可能突出文献中具有地方特性的内容。

1. **地方文献的主题标引**

在对地方文献进行整体标引后，还应当进行互见标引以及分析标引。比如在对地方文献中的一些多卷书进行标引时，应当先按照全书的主要内容进行集中标引，在此基础上再按照不同的分卷进行分析标引。

要对文献的主题词进行灵活选用，按不同方式进行标引。我国针对地方文献的管理，有一部综合性的标引工具书——《中国分类主题词表》，但是很多带有地方特点的词汇并不能完全被收录在内。如果按照正式的主题词进行划分，则会有一些文献难以被正确标引。为了保证文献标引的准确性和专指度，应当先用主题词进行标引，再按照地方语言的不同特点进行进一步标引。

2. **地域主题字段的标引**

很多地方文献会将地域作为研究对象，所以地域也应当被看作是标引的主体。在

进行文献标引时，可将地方区域作为主标目，进而让文献所蕴含的地方特色得到显现。

将主题标引与分类标引相结合，再通过计算机系统读取数据，这样用户能够按照不同的途径进行文献检索，进而更加突出文献所具有的区域特点。

在一些馆藏丛书、正史、文集中散落着大量地方文献，比如一些地方人物的重要传记、地区的自然地理介绍、社会及经济发展的历史等资料。图书馆的重要任务是对这些资料进行收集和整理，使之收集完成后能够形成馆藏特色。

地方文献中还有一些零散资料，这些资料也应当按照主题标引的方式编辑成册，再按照不同的学科进行分类标引，这样不仅有利于图书馆对馆藏文献的管理，还便于用户对文献进行检索与利用。

（二）主题标引出现的问题

地方文献有着明显的史料特征，所以读者习惯于按照不同时间、地点、人物、地域对其进行检索。对于地方文献来说，主题检索能够对地方文献的内容以及特征做出直接反映。

现阶段，图书馆系统中实行的《汉语主题词表》是一部基础性的词汇表，各行业以及机构均能从中挑选出词汇加以使用。但是，因为地方文献大多描述的是某一特殊地域的人文以及自然现象，其专指性以及地域性较强，若使用《汉语主题词表》的标引方法对地方文献进行分类标引，会有一些文献的主题概念无法被精准地表达出来，其原因在于《汉语主题词表》中的词汇无法反映地方特色。

此外，地方文献所涵盖的内容与《汉语主题词表》不相同，主题词表的范畴划分标准是学科体系，而地方文献的范畴划分标准是人文、自然环境以及地方事业；一些小的乡镇、街道名称以及一些人名都并不出名，若想对地方文献进行准确全面地标引，需要对这些地名及人员的主题进行合理揭示。

（三）主题标引时的注意事项

使用地域主题标引的条件是，当一个区域的名称出现在文献中而且这个名称会影响到文献的内容时，可以按照具体的内容将其标引为行政划分的最小级的地名。如果地名出现变化，则应当将新旧两个地名均设为检索点。

如果文献内容涉及一些具体的人或机构，则应当使用团体及个人主题进行标引。在按照团体主体进行标引时应当使用团体的全称，如果人名有别名或笔名，也应当一同进行标引。

在对主题词进行标引时不论涉及何种类型，标引所具有的深度都十分重要，其标引方式需要根据读者需要来确定。

（四）分类工作人员综合素质的提高

文献标引是一项具有很强逻辑性以及专业性的工作，文献是否能够得到充分利用，能否被有效开发，在很大程度上会受到标引质量好坏的影响。而标引工作人员的综合素质以及业务水平的高低，则决定了标引工作能否做到准确、合理与科学。所以，要保证标引工作的质量，必须要建立起一支高素质的工作人员队伍。

（1）思想素质。能否准确、合理、科学地标引文献，不仅考验工作人员的业务能力，还与其是否具备基本的职业道德，是否拥有良好的工作态度有关。职业道德是精神文明的一项重要内容，关系图书馆能否充分发挥自身的教育职能，能否提高整体的服务质量，能否发挥提供情报的职能。图书馆工作人员需要有极强的事业心，高度的责任感，正确的工作态度，良好的职业道德以及积极进取的学习精神。

（2）业务素质。一个人的工作能力可以通过其所具有的业务素质得到体现，业务素质包括专业技能、知识水平以及文化素质等。对于标引工作人员来说，他们不仅需要具备相应的专业知识，还需要紧跟科技发展的脚步，掌握不断更新的专业技术，比如计算机技术、网络技术等。

（3）文化水准。只有具备相应的文化水准，才能成为一名合格的标引工作人员。因为只有以文化水准作为保障，标引工作人员才能拥有相应的表达和分析能力。

（4）学识水平。现阶段，科学技术水平正在飞速发展，各种新的学科、新的理论、新的思想层出不穷，人类社会所创造的知识日新月异，更新速度之快，令人目不暇接。现代科学技术在不断朝着综合以及分化的方向发展，各个学科之间相互交叉、相互渗透，一些交叉学科开始出现，文献标引工作面临着更高要求。所以，标引工作人员既要熟练掌握与专业相关的知识，还需要具备专业以外的广博知识，对于各个领域的知识都要有所了解，在工作中要善于学习，努力提升自己，不断参加继续教育，了解和掌握新知识、新信息、新动态，了解各门学科的最新发展趋势，进而保证标引质量的不断提升。

第二节 地方文献编目

一、地方文献编目的概念

编目指对各种文献、图书、数字资料、有声资料的相关内容进行妥善组织、保管与记录，是对书目的控制，也是对信息的组织。这是图书馆的基础性工作，也是非常重要的一项工作。对于图书馆来说，编目属于自身的核心业务。

编目是对文献信息进行描述、揭示、组织、报道，让文献能够被读者充分利用。进行编目就是要对书目进行记录，并且将其汇集成整个图书馆的目录，以做好对书目的控制。网络信息技术的发展使书目控制得到图书馆界的普遍重视，编目工作迎来了新的蓬勃发展时期。现阶段，文献资料已经被纳入网络化的系统中，所以必须要强化编目工作的现代化观念，以适应编目工作现今的发展需要。

二、地方文献的著录

目前，我国尚未建立起地方文献著录的相关规则，对地方文献是按照普通图书的方式进行著录的。但是在著录过程中，应当突出地方文献的特色，建立起地方文献的特殊数据库，让资源得到共享，进而为地方文献的检索提供方便。

（1）对地方文献进行检索时分类号前加地方行政区划名称的缩写。在对地方文献进行分类时，所得出的分类号会出现以下两种不同情况：一是地方代码被包含在分类号中，文献的地方性能够被反映出来；二是地方代码并不包含在分类号中。在能够被计算机读取的目录中，排架分类号与检索分类号所属的字段不同，在设置检索分类号时不用考虑类号长度，可以突出检索以及分类标引的专指性；在设置地方文献的分类号时，应在前面加上区划名称的缩写，以方便读者检索。

（2）主题标引时注意揭示地方文献的地区特征。分类标引系统能够将馆藏的主要内容显示出来，进而方便读者进行检索和调用，但是设置在其中的一些用于标识的符号并不能对读者形成明确而直观的信息。大部分读者都习惯按照主题对资料进行检索，所以对地方文献进行主题标引，可以更好地反映地方文献的区域特征。

三、著录的问题及对策

地方文献一般按普通图书著录，这样从书目数据上很难反映某些文献属地方文献，文献的地方特性难以被体现出来。为便于地方文献的检索利用，著录时可适当加入字段，用以描述文献的地方特性。

（1）增设"文献类型"标志。著录地方文献（包括图书及非书资料）时，应增设"文献类型"字段，注上"地方文献"标识，这样做的好处是可以轻松地在整个馆藏数据库中提取出属于"地方文献"的数据，需要时可复制一份专门用以建立"地方文献"的数据库，而不用重新输入数据。若图书馆有独立的地方文献室，当遇到丛书或多卷书中含有一册或几册地方文献资料时，可利用这种方法可解决图书典藏的问题。

（2）增加不同字段主题词的著录。地域主题词可在607字段著录，个人主题词可在701字段著录，团体主题词可在711字段著录，非控制的内容主题词（即能体现文献地方特性的关键词）可在610字段著录，年代主题词可在607、610、701、711各相应字段的年代复分字段著录。

（3）建立网络地方文献室，实现资源共享。由于著录时注上了"地方文献"，因此在图书典藏统一前提下，可提取这部分数据，建立网上虚拟的地方文献室[1]。另外，由于地方文献搜集渠道的限制，图书馆不一定能搜集到其他馆所收藏的地方文献。为此，可以加入地方文献共享网络，连接其他收藏馆书目数据，把它纳入虚拟的地方文献室，再将反映典藏的字段著录该收藏馆，以示该地方文献不是本馆藏书。

总之，地方文献的分编工作有着一定规律和特点，比如在一般文献中分析出

---

[1] 赵大志. 地方文献建设研究[M]. 成都：西南交通大学出版社，2012.

关于地方的文章等。在图书馆全面实现计算机管理的网络时代,地方文献的分编工作在考虑文献分编的传统习惯时,更要考虑读者的使用习惯,要利用一切能利用的现代化技术手段,更好地为读者服务。

四、文献联机编目的现状

随着计算机技术和网络技术的飞速发展,图书编目工作的操作程序也出现了很多不适用于当下的地方,这必然加速了新的编目工作程序的运用。图书编目工作是图书馆所有业务中最为基本的一项工作,是将文献信息进行整理、归纳和加工的过程,需按一定规则和标准,对文献信息进行目录编制、主要内容阐述、分门别类等工作。通过对文献信息的主题特征以及中心内容进行阐述,对目录进行组织和编排,馆藏资源能够获得充分的利用、互换和共享。因此,图书编目工作也是图书馆的关键性工作之一。

图书馆的文献信息资源只有通过编目,才能形成有序、合理的信息资源揭示体系,才能满足广大读者对各种文献的利用要求,文献信息的编目工作可以提高读者对网络环境下图书馆信息服务的认可度。传统的、封闭的、分散的文献编目已被联机编目所替代,这为图书编目工作带来了诸多挑战。

(一)编目对象的多元化、多媒体化

对印刷性的文献信息进行编目是以往编目工作的主要内容。随着时代发展,数字化的文献资源越来越多,图书馆的馆藏文献信息也不再局限于简单的纸质文献。因此,编目工作必然会增加对电子文献、多媒体信息进行编目等内容。光盘、数据硬盘、缩微胶片和磁带都成了信息传递和储存的新介质,而音频、动态视频、图像等已成为一种新型的信息形式。

现在,图书馆的文献资源基本上包括传统印刷文献和数字电子文献两个重要类别。后者所具有的与传统文献所不同的优势,使得文献的生产和传递更加迅速,知识、信息的存储和利用更加便捷,现代图书馆逐渐形成多层次、多类型、多媒体的馆藏结构体系。同时,网络资源的无序性、多样性、容量大及更新传递快的特点,也对编目人员提出了新的要求,要求现代文献编目人员在做好传统文献资

源编目的同时，必须不断学习和掌握新的"非纸质文献"编目的方法和手段，紧跟形势发展。

（二）编目手段的电子化、网络化

文献信息的传播、储存等方式在网络技术和通信技术的大力推动下都有了新的变化，信息资源的管理者也逐渐向多元信息提供者，实现了身份的转换。编目工作因运用了便捷的计算机网络技术，正逐步向自动化发展，并以联机编目的形式取代以往单机编目的方式，有效推动了编目工作的发展，并使编目工作的效率也获得了质的飞越。

全国图书馆联合编目中心于1997年成立，主要负责对国家图书馆的文献信息进行在线编目，并提供上传和下载等服务。至此网上编目资源的共享工作获得了全新发展，并逐渐和国际同步，进而让全球都能共享中文书目的资源。计算机可以轻松处理一些编目工作中的烦琐工作，因而对编目处理速度的提高具有重要意义。

编目人员在编目工作中还可以利用网络信息的多元化和开放化，对编目内容进行关联信息资料的补充，使得编制的信息条目更加精准和全面。由此可知，网络在编目工作中的重要地位已经不能取代、不可逾越。现在，全国图书馆联合编目中心已经联合600多家图书馆，遍布31个省、市、自治区，其成员馆基本上涵括了国内大多数省、直辖市和自治区级图书馆。编目中心的编目数据每年都在不断攀升，一年有几百万条的下载量、十多万条上传量。面对不断增长的数据量，全国图书馆联合编目中心既注重数据数量的提升，更加强了对数据质量的管理，让数据的时效性和标准性都有了较好的提高，并在编制编目资源时不再局限于行业、系统和区域范围内，以此提高编目数据的利用程度，在一定程度上了避免了重复和浪费，有利于控制制作成本，让新书的检索更为便捷和快速，确保了用户量的稳健提升。由此，大量图书馆开始对联合编目中心的数据进行利用和共享，编目数据网络共享平台对数字图书馆的建设和推进具有积极意义。

电子化编目也在很大程度上加速了文献编目的效率。除此以外，编目数据工作凭借计算机的快速处理能力，大大提高了工作效率，并保证了准确性。因此，编目信息量的扩充为以后的补充和完善提供了便利条件，使编目数据得到了及时更新和改进。

（三）编目规则规范化、标准化

著录和标引是组成编目工作的两个重要方面。录著规则也称为文献编目规则，是对目录编制进行标准化和规范化的规定。国际编目原则会议于 1961 年在巴黎召开，与会人员于会议上制定了《巴黎原则》。国际上，各国的编目规则基本都是在《巴黎原则》基础上进行的发展和改编，随后颁发的 ISBD（国际标准书目著录）更是为国际标准的制定打下基础。各个国家在制定本国编目条例时几乎都以《巴黎原则》为参考依据。国内则以《中国文献编目规则》和《中国机读目录格式使用手册》作为编目工作的主要规范准则。各大高校图书馆的成员馆也形成了 CALIS 联编中心的主要规范，《CALIS 联合编目使用手册》成为编目工作的主要规范依据，很好地提高了编目工作数据的准确性，提高了工作的效率和质量。

使文献数据编目工作规范化和标准化是全国图书馆联合编目中心和 CALIS 联合编目中心共同的工作目标。近年来，编目工作获得了一定的成绩，书目质量得到显著提升。但是，两个编目系统在工作中难免出现差异，对标准化数据的推行工作非常不利。

面对快速发展的网络技术和信息技术，面对海量的网络资源，编目工作要进行标准化和规范化的发展也具有较大难度。中国图书馆学会标引与编目专业委员会在 2006 年出台了《中国图书馆编目工作原则声明（草案）》，以此引导文献编目工作的标准化和规范化操作。国内图书馆有关行业对编目的规则基本上有了一致认识。编目规则要求从信息采集时就要严格执行，以确保之后的工作按照标准化和规范化的要求进行。每一个编目人员在面对编目信息资源时都会有不同的认识和看法，而且每一个数据中心在数据格式的运用上也有所不同，所以要将书目数据进行绝对的标准化是不可能的，只能对各项规范标准细则进行加强，使之有章可循，如此才能让编目数据达到一定程度的规范化；要具有较高的编目效率，必须掌握标准化和规范化的编目技术，从而为书目数据的共享共建创造条件。

（四）编目数据开放化、国际化

随着网络技术和通信技术应用的不断深入，图书馆的文献编目工作更加重视合作共赢，不再像以往一样闭门造车地进行工作，其在编目时更加注重利用网络环境的开放性，对文献信息进行更为高效和快捷地整理和归纳，对编目成果的共享和交流也更加广泛和频繁。文献编目工作开始向集中编目、联机编目和统一编目的方向发展，而不再是过去个体编目的形成，各种各样的书目中心也获得了前所未有的发展。现在，经济发达的地区和国家的联机联合编目的技术开始成熟。国内联机联合编目系统主要包括五个，即全国图书馆联合编目中心、CALIS 联合编目系统、上海市文献联合编目中心、中国科学院国家科学图书馆联机联合编目系统和地方版文献联合采编协作网。除此以外，书商自行建立的书目中心也得到了很好发展。

联机套录编目是联机联合编目最为显著的特点，即对数据的下载、读者的资源共享提供了非常大的便利，它利用互联网和通信技术，使得各成员馆能够和联机编目中心进行连接，从而直接套录数据库中的有关数据。联机联合编目工作的推动以及对数据库的共建，让书目数据资源得到一定程度的利用和共享，对人力、财力和物力的节省有着重要意义，使读者的书目检索更加准确和快捷，使书目数据资源的效益得到最大限度发挥。

各级、各类图书馆在互联网技术支持下进行了大量信息网络建设，并且在不断加强馆内局域网建设的同时，还与其他图书馆进行连接。各个图书馆开始设立自己的网站，并对自有信息资源以外的有关信息也开始进行比较全面地收集，还通过上传资源等方式将馆内信息资源分享给更多读者。对编目数据进行网络化处理，更有利于编目数据的开放化发展，并使其不受时间和地域限制，让文献信息资源可以在全国甚至全球进行共享和交换，进而推动人类文化、经济的发展。

现在，很多图书馆的采编业务基本上由书商完成，其编目数据一般源于各大型书目的编目中心。书商会聘请数据录入员，并返聘资深的退休编目员把控数据质量。但是，从目前各馆的使用现状可以得知，各个机构的业务水平良莠不齐，这导致编目数据出现鱼目混珠的情况。各机构应对此严加管控，尤其是对一些外包商编目的数据，更需要把好数据质量关。

（五）编目数据质量的提高

网络化和数据化的编目工作，让图书馆编目工作的发展有了新的方向和空间，新的编目工作需要综合素质更好的编目人员参与。只有做好业务技能的提高、知识结构的优化、专业知识以及学科知识的提升，具备良好的计算机操作水平，才能使得编目人员能够更好地适应日益复杂化的编目内容和编目方式，并在编目工作中得到不断提升和发展。编目人员还应掌握相关学科、相邻学科以及交叉学科、新型学科等的知识，了解和灵活运用现代化的信息检索语言理论和应用技术，这对于在日益发展的网络环境下进行网络资源的充分利用和收集颇为重要，也为数据库的维护提供了保障。此外，编目人员还应具备外语能力，使其在外文文献中获取有用的资源，从而对国际信息资源进行共享和参考。

后期文献编目工作需要重视校对工作的重要性。编目工作结束后，校对人员的校对工作非常重要，这项工作必须由工作经验丰富、能力显著的人员来完成。其校对的重点在于验证著录内容是否符合受编图书，使其和 MARC 要求的格式相一致，对录入的错误也要进行检查，如必备字段是否齐全、分类标引是否准确、号码是否正确以及书写是否正确等。校对要仔细认真，一字一项地核对，对错误和失误之处要及时发现和纠正，这样才能提高馆藏书目数据的准确性，让编目数据向标准化、规范化以及国家化、开放化发展。同时，编目人员要注重自身素质的提高，顺应时代发展要求，从而在数字网络时代中使自身得到更好的发展。

第三节 地方文献的典藏

文献典藏也称为典藏，是指将文献按照任务、服务对象、地区特征、发展方向和性质得以分类和加工，并根据一定准则进行系统、科学和目的化的保护和管理，做好文献典藏工作可以更好地为读者提供服务。

文献典藏具有两方面特点：其一，藏书数量需要达到一个最为合适的规模，也就是要求在人员配备、馆舍条件、任务要求和经费确定的情况下，让藏书能够获得最大效用，发挥最好效果；其二，藏书质量需要达到一个最佳状态，即依据既定目标对藏书利用率进行评价、统计，从而对藏书流通的速度、方向和范围进行控制，达到和读者最佳的沟通效果。若藏书的使用价值消失，需要及时删除，以确保馆藏文献信息的质量达到一个理想状态。

文献典藏是图书馆工作的重要核心部分。学术界基本上从两个方面理解文献典藏：一是认为藏书管理和藏书组织是藏书组织管理的两个重要工作，而且藏书典藏只包括藏书组织的部分；二是认为典藏指文献的组织管理，认为管理和组织是一体的，不能区分对待。

20世纪90年代后，图书馆在现代化社会进程中发生了巨大变化，历经了从"藏书建设"至"文献资源建设"，再到"信息资源建设"的发展历程。对传统理论体系而言，这是一个重要冲破，它为图书馆馆藏建设带来了一个质的改变。文献典藏是藏书组织管理的核心部分，最后发展成为现在的馆藏信息资源组织管理概念。现今，文献典藏也在不断发展和完善中。

一、地方文献典藏库的建立

地方文献的典藏主要涉及是否建立专藏库的问题。

地方文献专藏库是图书馆基础藏书的重要组成部分，是否建立地方文献专藏库，应视各馆具体情况而定。一般说来，馆藏较多的图书馆应建立地方文献专藏库，如有可能，还可将地方文献的补充、整理、典藏及阅览等工作统一起来，建立专门的地方文献"一条龙"式工作机构。但是，地方文献的馆藏多少，除历史遗存之外，还要依靠后来人长期的努力和积累。

所谓"视各馆的具体情况而定"，指根据图书馆自己的地位、任务、能力，以及读者需求情况做出是否建库的决定。如，区（县）级以下的公共图书馆，其职能主要是普及社会教育，活跃群众文化生活，以及小规模地传递生产知识和技能，读者对于此类图书馆内地方文献服务的需求并不十分迫切，加之其规模小、力量弱，虽然可以开展各种形式的地方文献工作，却不一定要设立地方文献专藏库。

城市地区的地方文献工作作为一个整体，已由市级公共图书馆负担起来，城区各区级公共图书馆不需要从头做起，而是应该选择一些独特的地方文献专题，建立小规模的地方文献工作室。需要特别指出的是，由于文献载体的不同和地方文献资料多散见于中外文献及报刊等因素，所谓专藏库只能做到相对集中。有鉴于此，编制全馆乃至地区的地方文献书目、索引和数据库不仅是必需的，而且要力求完备。

二、地方文献专藏库的典藏

地方文献藏书的保护、管理和清点，与普通图书并无区别，但地方文献载体类型的多样化，造成多种排架方式集于一库的特殊局面。

地方文献专藏库首先要根据不同的文献载体类型，将全部藏品分成几个子系统，分别保管收藏。根据各馆具体情况，一般可分为图书、报纸、期刊、照片、拓片、缩微品、视听资料，以及舆图、善本和其他特种文献等部分[1]。图书多采用分类排架方式，以便于直接按类检索。

首都图书馆地方文献部采用书次号前加冠号的方法，将不同时代的文献分开，目的之一是为了使线装图书相对集中。依据读者习惯，图书馆对报刊的排列往往

---

[1] 赵大志. 地方文献建设研究 [M]. 成都：西南交通大学出版社，2012.

按照报刊名的方式进行。出于对典藏条件和设施的考虑，图书馆对照片、微缩品和拓片等形式的文献，则会采用特殊方式进行排架。地方文献中经常会有一些保密性资料或限制流通的资料，对于这部分文献，也要采取相应的典藏措施。

三、网络环境下地方文献典藏

图书馆典藏工作的主要目标是对已经搜集到和已经加工的地方文献资料进行一定的组织和管理，并以此建立典藏目录，进而反映地方文献的存放地点、价值、调拨等情况。图书馆典藏是图书馆地方文献工作中的重要组成部分。

基于网络条件下的典藏工作有别于以往的手工典藏工作。网络技术的支持让典藏工作的功能获得极大拓展，使其从单纯的文献业务工作桥梁功能和业务质量的调控功能，发展到对馆藏地方文献的利用、对地方文献的质量把控和资源共享共建等功能上。因此，典藏工作在网络技术支持之下，其准确性和效率化都获得了较大保障，使得其提供的服务更符合读者需求，进而让图书馆的地方文献藏书结构向着实用化、科学化和合理化方向发展，确保地方文献资源实现最佳利用。

第六章 信息时代我国图书馆的发展趋势

图书馆必须随着时代发展而发展，否则，其功能将不能适应新形势的需要。关于图书馆未来的发展趋势，国内外有很多研究。基于此，本章重点论述中国图书馆未来发展趋势、我国未来图书馆的发展方向——数字图书馆、传统图书馆与数字图书馆、中国图书馆的发展呈多维状态、数字化图书馆的元数据体系。

第一节　中国图书馆未来发展趋势

综合政策环境条件、信息技术发展情况以及其他相关人文因素，笔者以长期学术研究作为基础，并综合国内外研究以及实地调研成果后进行预测，我国图书馆在未来的发展趋势可以被总结归纳为以下 11 条。

一、图书馆服务的泛在化

国外图书馆界提出"泛在图书馆"这一全新理念。"泛在图书馆"的本质在于以信息资源共享之中的"5A"理论（无论是在任何时间、地点或是任何图书馆，所有用户都可以得到所有的信息资源）作为基础，衍生出"泛在图书馆"所特有的"8A"理论，也就是指任何用户均可在任何地点以及时间内，得到图书馆提供的任何语言、类型、格式以及时期的信息资源。

无所不在以及泛在化是"泛在图书馆"的主要表现，它的显著特征为：于用户而言图书馆服务如影随形，无论何时何地用户均能获得图书馆服务，有时可能是在无意识的情况下，利用图书馆资源或是取得馆员的帮助。其中，相对典型的案例有中科院文献情报中心采用的服务模式——"资源到所，服务到人"，借助公共集成服务平台，完成网络化信息服务以及数字化文献资源向科研现场的推送。无论在任何时间和地点，科研人员都可以及时获取所需信息。以研究所、课题组、办公室、创新基地和个人为服务对象开展科学化服务，以"融入一线，嵌入过程"为服务方向，力求提升科学情报服务能力和文献保障能力，使之成为"泛在图书馆"之典范。

二、图书馆工作的网络化

借助网络提供图书馆的全部资源以及服务，是图书馆工作网络化的具体展现。网络环境具有全天候的特点，因此所提供的服务不会出现间断现象。简单来讲，在未来图书馆中，一切服务和资源均可在网络上呈现。

图书馆"一切都可以在网上"至少有两方面含义。

（1）对资源进行深度整合，实现图书馆之间共建共享。未来世界中，无论大小图书馆都会由云环境进行互相连接，成为一个整体，进行不同的工作、服务以及资源建设，不同图书馆之间是相互包含的关系，互不分离[1]。

（2）图书馆已经具备了参与出版数字化读物的基础条件，信息资源的生产有了新业态。随着互联网的普及，图书馆不再只是一个提供信息资源的机构，也不再被局限于信息资源传递的下游，网络上的资源越来越呈现出开放化的趋势，图书馆也将成为一种数字化信息资源的出版机构。

三、图书馆资源的数据化

近年来，数字技术有了突飞猛进的发展，信息资源可以被转化成数字版本，成为可利用的数据。图书馆系统可以对这些资源和数据进行数字化和信息化的管理。数据管理系统可以对数据进行组织和检索，为读者提供查询服务，还可以控制数据的整个生命周期。数字化资源越来越多元化，不但资源的格式和种类繁多，而且有越来越多的资源被数据化。

图书馆的各类文献及信息资源开始趋于网络化。有了通畅的网络联系，图书馆之间可以联合对文献进行编目、采访，可以互相分享馆藏资源，还能对互联网上的资源进行联合利用。借助网络上先进的通讯功能，图书馆可以向读者提供高效的信息传递服务，比如收发电子邮件、传递电子文献资料、检索情报等。图书馆还可以借助网络资源，利用已有的强大搜索引擎功能，将用户所需信息资源快速地提供给他们，用户并不需要亲自前往图书馆实地查询，仅通过网络即可获得更加全面、准确、及时的信息服务。对于信息研究者来说，过去只能在传统图书

---

[1] 王宁，吕新红，哈森. 图书馆管理与阅读服务 [M]. 北京：光明日报出版社，2016.

馆中利用人工查找相关资料，依靠个人经验进行相关研究，既费时又费力，而且难以获得全面和完善的资料，影响研究的准确性和深入性。自从图书馆建立起数字化平台，图书馆、读者以及信息系统被有机地结合在了一起，用户可以从中获取更加规范、高效、个性化的信息服务。

应对图书馆的馆藏资源进行信息化建设。为了适应新形势的发展，图书馆应当加快信息化建设的进程，具体做法：一是采购各类电子出版物，建立信息数据库；二是将现有的纸质馆藏资源转化成为电子版。图书馆之间应做好沟通和协调，避免重复性采购。一些外刊的利用率不高，可以仅购买相关联机检索服务功能。另外，图书馆应当积极向读者宣传自己的资源，优化检索办法，扩大专业和学科覆盖面，引导和帮助读者通过电子版系统查询所需资料，以提高电子出版物的利用率。目前，很多图书馆已开设了多媒体形式的阅览室，综合利用互联网、计算机技术，读者在此既可以阅读电子版的馆藏资料，还可以通过网络查询其他图书馆的海量信息。

我国对于图书以及文献数据库的建设非常重视，宏观上对数据库的建设给予了关注和支持。图书馆在数据库建设过程中要有全局观念，应遵循国家相关规定，对馆藏文献进行标准化、规范化的整理与加工，突出馆藏特色，全面考虑教学需要、科研需要和市场需要，建立各具特色的数据库。

现阶段，各图书馆面临着新的机遇和挑战，各种馆藏资源开始趋于多媒体化，各项服务开始趋于信息化，信息资源开始趋于网络化、共享化，这就要求图书馆要跟紧时代发展步伐，在图书馆管理中推行自动化。随着信息化时代的到来，图书馆的文献载体也变得更加多元化，需要图书馆全面推行计算机化的管理方式，切实提高图书馆的工作效率，为读者提供方便，减少馆员的工作量，充分发挥图书馆应有的公益服务功能。

建设现代化图书馆不仅要配备先进的设施设备，还要做到管理方法上的科学性，管理组织上的高效性，管理思想上的先进性。从宏观上讲，要有创新性的思想；从微观上讲，要有创新性的方法，在图书馆管理过程中充分体现出现代化和科学化的特点。

随着大数据技术的推广，图书馆成为大数据系统的一个组成部分。过去，图书馆的任务是收集、整理和记录各种馆藏资源，有了大数据网络后，图书馆将工作的重点放在建立各种信息的关联性上，在各种信息间建立起有效的联系，避免出现"信息孤岛"。目前，图书馆的很多资源都可以转化为数字化数据，并且利用数据技术变成为开放式的资源,将各馆的数据关联数据化。以书目资源为例,每本图书在图书馆中有一条专属记录,若将这本书细化为章,则需要以101为代表,若细化为节,需要以102为代表,再细化可能是以103、104为代表。未来,图书馆需要实行关联数据化,这是图书馆发展的一种趋势。

四、图书馆功能的智慧化

随着科学技术的快速发展,各种移动终端开始普及,信息穿戴设备开始在人们生产和生活中发挥作用,加之大数据采集和分析技术的推广,图书馆管理及服务的智能化水平在不断提高。智慧图书馆就是要将书与书相连,人与书相连,人与人相连,不论何时何地以何种方式,都可以调取和运用馆藏资源。与传统图书馆相比,智能图书馆最大的特点是能够为读者提供个性化服务,其具有智能化的交互功能。传统图书馆能够提供给读者的是机械性的、被动的服务,信息交流也是单向的,而智能图书馆可以为读者提供全方位的服务与应答。

比如上海图书馆推出手机 App,读者将 App 切换到阅览室时,App 上会有声音和动画显示出来,主动向读者问好,同时会弹出相关提示,App 中的地图会向读者提供所在楼层的提示,说明阅览室所处位置。对于可外借的图书,读者可以通过 App 快速锁定具体位置。对于一些外借的图书,读者可以通过 App 提出借阅请求,在 App 上成功绑定身份信息后,读者手机上会显示一张二维码形式的读者证,图书馆门禁以及自助借阅等设备都支持认证此读者证。

五、图书馆阅读的移动化

近年来,政府不断提倡终身学习和全民阅读,针对这样的情况,各类图书馆大有可为。目前有一种趋势日益明显——通过移动端和网络进行阅读,已经逐渐成为图书馆阅读的主要方式。

现代人阅读的方式开始变得多样化,呈现出以下特点:一是阅读渠道更加多元化;二是阅读方式开始趋于移动化;三是阅读过程中呈现出更多社交性元素,数字化的阅读方式开始渗透人们的工作与生活,读者不论何时、何地,运用何种方式,都可以获取所需要的阅读资料,这极大地满足了读者的阅读需求。

数字化阅读方式及载体变得越来越先进、越来越灵活。最初，人们需要通过电子阅览器进行在线阅读，如今手机、平板电脑成为人们日常的必备品，人们的阅读方式开始趋于移动化。在这种形式下，大部分图书馆开始致力对移动阅读服务的投入，积极为读者搭建阅读服务平台。平台可以为读者提供大量的电子图书，包括网络文学、中文报纸及期刊，平台还支持平板电脑、智能手机等移动设备的访问。

六、图书馆空间的创意化

传统图书馆有三大组成要素：馆藏资源、资料储备空间和为读者提供服务。如果将资源剥离出去，图书馆的价值则需要通过空间进行证明。随着近些年互联网的普及以及数字信息化的发展，大多数图书馆的到馆读者人数急剧减少，未来图书馆需要考虑的是如何重新吸引读者，如何发挥图书馆的空间作用。对此，国外一些图书馆在这方面进行了有效探索，他们对图书馆的空间进行了再造利用。图书馆从最初用于信息共享的空间，开始变成可以进行学习共享、研究共享的空间。近年来，图书馆又被改造成创客空间，图书馆的空间获得了新的利用。国内图书馆业内人士提出将创新社区同信息共享空间相结合的想法，强调在学术上的创新，提升读者文化素养，提升图书馆的服务效能，将图书馆打造成为学术交流、知识加工以及文化传承的中心。

七、图书馆用户的自主化

图书馆生存的前提与发展的基础是将用户作为工作中心，这也是图书馆未来发展的核心。图书馆是服务性的公益机构，因此要将为读者提供服务作为工作目标。现阶段，各行各业都面临着激烈的竞争，如果不能以用户为工作中心，失去用户，图书馆也将失去赖以生存的基础。

传统图书馆的管理方式与服务内容由图书馆自身决定，读者并没有发言权和参与权，图书馆配备什么资源，读者使用什么资源。但近些年，读者的权利意识在不断提升，图书馆的办馆观念也在不断转变，图书馆用户作为被服务的对象，其主体意识得到了充分尊重，其主体作用得到了充分发挥。图书馆开始注重让读者参与图书馆的发展建设，比如在图书资源采购过程中鼓励读者参与决策。内蒙古图书馆提出了"读者阅读,图书馆买单"的读者图书馆理念,开展由读者做主的活动,读者逐渐成为图书馆的主人。

八、图书馆工作的规范化

各行各业要保持持续健康的发展态势,首先要有标准化和规范化的工作模式。2008年,中国成立第一个图书馆行业的标准化组织——全国图书馆标准化技术委员会,这个组织主要负责图书馆的管理工作与服务工作,制定图书馆环境以及领域的各种标准。

未来图书馆的发展有两种趋势:一是制定以及执行图书馆的各类标准,二是制定图书馆内部工作的各类规范。对于现在各类图书馆来说,各种资源的管理流程以及加工规范已基本形成,各类图书馆还在投入力量研究和制定工作标准及规范,我国图书馆正在朝着更加标准化、规范化的方向发展与建设。

九、图书馆事业的社会化

近年来,我国致力于公共文化服务体系的发展与建设,图书馆的服务内容以及项目开始变得多样化,读者的需求开始逐步得到满足。我国一些大型国家级图书馆馆藏资源规模庞大,它们往往是一个国家、一座城市的文化象征。近些年,我国还建成大量社区图书馆,这些图书馆在城市和乡村读者中发挥着重要作用。有些图书馆可能只是街边的一个咖啡馆、一个凉亭,有些只占超市一角,但这些共同构成图书馆网络,发挥着服务读者、为社会提供各种服务功能。

对于未来的图书馆,要让自身得以生存和发展,必须要有特殊资源及服务,而不仅是成为图书资源的一个联络点。互联网技术已十分发达,远程服务开始被各行各业投入使用,各类信息的制造商不必再通过图书馆这个环节与读者建立联系,信息资源的制造商和服务商可以开始直接面对用户,这些使得图书馆存在的价值受到极大挑战。要在这种竞争中站稳脚跟,图书馆在自身建设过程中必须突出城市特色,突出区域特色。今后,图书馆在建设过程中要更注重对特色资源的收集、整理和加工。

第二节　我国未来图书馆的发展方向——数字图书馆

一、数字图书馆的基本认知

现代科技的飞速发展，对各行各业都产生了巨大影响，电子化、网络化、数字化已成各个领域趋势，在图书馆领域也是如此，现代化的数字图书馆应运而生。

数字图书馆是未来图书馆的向导，对未来图书馆的发展起着至关重要的作用。新时代的到来，电子出版物越来越普及，未来数字图书馆将领先于传统和自动化等图书馆。高科技、优服务于未来图书馆而言是关键。因此，人们认识、了解、研究数字图书馆，是时代赋予人们的使命。

数字图书馆在信息存储形式、信息组织形式、信息处理和输出形式、信息传递速度和服务方式五个方面和传统图书馆大有不同。数字图书馆是未来图书馆发展的方向。数字图书馆利用网络收集分散的信息资源，这种信息收集方式能够使用户方便快捷地获得信息。数字图书馆通过数字化技术将文字、声音和图像转化为数字形式，通过数字方式把数字存储起来。

我国数字图书馆经过 20 年发展取得了优异的成绩，如今馆藏资料已经实现数字化，并且一些数据开始服务社会，还有一些图书馆（如高校图书馆）拥有的数据库总量已经超过 100 个，如清华大学、北京大学等。这些数据表明我国数字图书馆建设达到了一定规模，并建立了一定规模的数据库。但是，从数字图书馆发展初期到现在仍存在诸多问题，这些问题影响了数字图书馆的健康发展。

尽管数字图书馆含有"图书馆"三个字，但数字图书馆却不能仅仅被理解为一种新的图书馆形态。数字图书馆并不是简单地将传统的图书馆服务搬到网上，或将馆藏资源进行大规模数字化。数字图书馆借用"图书馆"一词，则必然显示出其信息资源不同于一般网络信息资源的某些特征，即数字图书馆所存取的信息资源应该是有序的、系统的、有组织的和便于利用的。

二、数字化图书馆的优势

数字图书馆是相对于传统图书馆而言的一个新概念、新形态的图书馆；数字图书馆相对于传统图书馆而言，具有如下优势。

（1）馆藏数字化。在信息存储技术支持下，图书馆将分布于媒体上的各类信息进行整理，加工成可被计算机识别的数字形式的信息与资源，以电子文献方式存储与使用，是对信息载体的一种革命性推进与变革。

图书馆文献信息资源实现网络化后，不同的图书馆之间可实现编目与采访共通，各个馆的文献及信息资源可以共享，网上各种文献以及信息资源可以做到互通有无。需要查询资料的用户不用到图书馆现场，而是可以便捷地通过互联网查询各馆资源与信息，而通过这种方式搜集到的参考资料往往更准确，也更充分。

（2）传递网络化。利用网络技术和通信技术环境，用户可以通过数字化的图书馆系统，跨馆获取所需要的信息存取服务，使信息收集以及交流范围进一步扩大。借助快速发展的网络通信技术，图书馆可以为用户提供信息的传递与检索服务，比如传递电子文献、发送电子邮件、检索各类情报等，还可以利用互联网上丰富的信息资源、精准强大的搜索功能、快速直接的传递手段，及时向用户提供所需要的文献资料及信息。

（3）资源共享化。资源共享是数字化网络的一个巨大优势。随着信息技术的飞速发展以及网络技术的日新月异，过去信息传递的地域限制完全被突破，图书馆之间可以通过互联网实现资源的共享和平台的联合，不同图书馆的服务系统也可以实现相互间的无缝融合，不论何时何地，用户都能够与这些联网的图书馆系统实现交互，各类信息资源能够以一种合理而高效的形式实现流动，资源共享以及信息交流变得更加方便和快捷。

（4）数字图书馆海量存储和媒体多样化。各种文献以及书刊类资源及信息构成传统图书馆的基础，而各种数字化的信息资源则构成数字图书馆的基础。现阶段的信息量因社会的不断进步而大增，互联网的普及以及各种电子出版物的不断涌现，让各类信息的发布以及传播有了更便捷的渠道和平台。在这种情况下，图书馆需要收集的信息在不断增多，处理量在不断加大，储存量也与日俱增。过去，图书馆信息存储的单位为 KB、MB，现在已经发展成为 CB、TB，有的甚至达到 PB，这一点能够看出图书馆信息存储量的增加速度之快。

数字图书馆文献及资料的存储介质不再局限于纸质，而是有了更多形式，比如多媒体以及各种数字信号。多媒体的形式也变得多种多样，如图像资料、文字资料、声音资料、动画资料、虚拟空间以及多维体等。形式不同的媒体需要以不用的压缩方式和存储格式进行保存。目前，电子图书馆中可以采用的文件格式越来越多，在此基础上，大量媒体信息依然需要工作人员进行标引、缩放、处理等再加工。

（5）具有良好的网络应用环境和管理方法。一个数字化的图书馆要保持高效运行，必须要有一个快速、良好的网络环境。如果网络环境适当，数字信息所存放的地点将不再限制人们的调取和存储，但是为了维护网络空间的安全，依然需要对网络空间采取必要限制。在对数字图书馆进行管理时，需要按照一定标准对其进行层次划分。按照网络用户的不同需求，数字图书馆会针对检索制定不同的政策以及规定，帮助用户检索到不同层次的资料及信息。面对传统的图书馆，用户往往会因其所处地理位置而受到局限，而且图书馆之间也很难建立互通共享的平台，而数字图书馆则突破了时间以及空间的限制，用户不用再受到地理位置的束缚，借助越来越普及的互联网以及计算机技术，全国图书馆甚至世界图书馆都可以被非常便捷地连接在一起，读者可以随时随地获取所需资源及信息。

（6）信息查询简单化。数字化图书馆运用智能化的检索软件，这些软件可以将传统图书馆中常用的检索手段运用于数字图书馆中，但仅使用这些手段远远无法满足数字图书馆庞大信息量的管理及查询需要，面对数字图书馆所收集到的多媒体信息，需要有更加智能化的检索工具投入使用，并且这种检索工具还需要具备简单实用的特点，方便用户从大量资源库中准确、高效地获取到所需要的信息及资源，并且不需要事先详细学习这些检索工具的使用方法与技术。这就需要数字图书馆具备相应的检索界面，有简单实用的检索功能，按照用户的不同需求为其提供个性化服务。数字图书馆需要在人工智能基础上建立检索系统，方便用户使用熟悉的语言，同系统产生交互，不断压缩检索目标，最终获取需要的、精准的信息与资料，这些被用户检索出来的结果可以通过多种形式显示，必要时还可以通过虚拟现实的方式演示出来。

(7)信息表现多样化。数字化图书馆拥有多种媒体、语言,可以实现对全文的检索,这里存储的信息资源不仅有印刷体,还有各种形式的多媒体资源,如声音、动画、图像等,存储的介质包括各种电子化以及数字化装置,比如录像带、录音带、光盘等。所以,数字图书馆能够为用户提供更加形象、生动、逼真的资源。与此同时,因为需要为用户提供内容一致的信息及资料,数字图书馆应具备可以通过不同语言为用户提供服务的能力。文化背景不同、使用不同语言的用户应该可以顺利地对图书馆的资源进行访问和使用。

(8)更加突出服务特点。数字化图书馆是一种新型的对信息进行传播的模式,将各种文献收藏、参考服务以及用户集合在一起,建立起一个新的互动环境,大量数字化的知识和信息可以在数字图书馆中完成生命周期中的各种活动,比如信息的生成、发布、传播、利用以及保存。数字图书馆为用户提供的是主动式服务,最新的信息资源可以随时进行广播和发布,源源不断地为用户提供所需要的信息及资料,而且还能以个性化的方式为读者提供服务。这样就由传统图书馆所特有的被动式服务转变成数字图书馆所特有的主动式服务。数字图书馆应当发挥自身优势,对新时期的新科技、新知识、新趋势进行综合整理,为读者获取这些资源提供导航服务。

三、建设数字化图书馆的意义

数字化图书馆之所以能够成为国家未来图书馆的发展方向,与自身的巨大优势有关。人们朝着数字化图书馆的方向发展建设,必须要清楚数字化图书馆建设的意义。数字化图书馆建设的意义具体表现在以下几个方面。

(1)满足人们对信息知识的渴求。数字图书馆不仅可以和传统图书馆一样收藏纸质文献、报刊书籍及资料,还可以与时俱进地做好数字化信息的收集、整理与存储,为有不同需要的读者提供相应服务。

(2)数字图书馆的建立为实施科教兴国战略提供支持,还能助力提升全民素质。数字图书馆的出现,使得我国文化资源及信息有了新的保存方式、管理方式、传播方式以及使用方式。过去,我国文化资源及信息存在着利用效率不高、无法被共享的弊病,有了数字图书馆,这些问题将得到根本解决,传统文化以及信息资源的创新与发展有了更有益的环境,特别是对信息不畅通和文化比较落后的地方，只要连接数字图书馆的网络系统，便能方便地使用丰富多样的文化信息资源。

（3）带动相关产业发展。中国数字图书馆工程是跨部门、跨行业、跨世纪的大型高新技术项目，启动必将带动相关产业（特别是信息产业和文化产业）的发展，并通过知识的有效传播，最终关联到各行各业，从而产生巨大的经济效益和社会效益。

（4）通过互联网提升民族文化在世界的影响力。数字图书馆建设最重要的意义是使中文信息库得以有效建立，从根本上扭转目前国际互联网上中文资源匮乏的不利局面，让中华文化在国际上产生重要影响，发挥整体优势。通过互联网传播，数字图书馆让中华文明及其文化被世界更多民众认识和了解，在人类文明的发展过程中发挥更重要的作用，做出更大的贡献。通过数字图书馆的收集、整理和传承，中华民族的优秀文化及历史能够得到延续和发展，大量珍贵的史料经过整理，可以以数字化的形式长久保存和传承下去，而原件则可以存放于更加适宜保存的环境中，也是对中华文化一种重要的保护手段。

（5）从时间到空间大规模节约成本。数字图书馆将现实与虚拟有机结合在一起，数量庞大的信息被保存在无数个存储器中，并通过计算机网络将这些信息建成一个系统。所以，数字图书馆所占用的实际空间比传统图书馆小。用户在使用数字图书馆时，并不需要与工作人员联系，而只需与图书馆系统产生交互。

数字图书馆的服务质量取决于软件设计是否完善、平台管理人员能否为用户提供及时有效的服务、数字化信息的制作是否科学合理、网络传播是否有速度作为保障、图书馆平台的使用界面设计是否人性化等。用户可以使用个人电脑，借助互联网随时随地查询资料、浏览资料、下载资料，获取所需要的各类信息。

（6）进入门槛低。数字图书馆的出现，大大增加了用户范围，因为传统图书馆的使用者会受到地理位置限制，传统图书馆只能为周边少数读者提供服务，而数字图书馆则打破了时间与空间的限制，用户可以随时随地进入图书馆系统获取需要的服务。

四、建设图书馆数字化的途径

要使未来的数字化图书馆广泛、快速地发展，可以从以下途径进行改善，加速数字化图书馆的建设。

（1）立足于图书馆馆藏资源状况，不断优化馆藏布局。以前图书馆对虚拟资源的重视度不高，图书馆的信息资源大都仅被收藏，实际用途并不明显。基于此，要加大力度挖掘出虚拟资源的实用性，让虚拟资源和实体资源获得同等重要地位。虚拟知识的存储和传统的报纸、书刊相比，其特点主要有内存大、较难损坏、交互性较强等，而且虚拟信息资源范围相比书刊、报纸更大，表现形式除了电子杂志、电子书外，还有视频、CD制品和影像资料等。因此，对虚拟资源的推广和吸纳也是电子图书馆建设的重要工作。

实际上，实体信息资源和虚拟信息资源的关系是相互促进、相互配合的。例如，可以通过结合《哈姆雷特》的原著和电影版本，给所有观众和读者更加生动的感受。因此，图书馆工作人员可以通过在书籍上做链接或者标注，实现实体资源和虚拟资源的相互配合；通过数字化技术的处理和发展，图书馆将会呈现出令人耳目一新的形象。

（2）简化读者搜寻环节，避免读者在搜索工作上浪费太多时间。例如，高效率、高覆盖率的馆内搜索引擎运用，可以大大提高读者的搜索效率，减少用户排队时间。图书馆还可以设置导读员职位，聘请具有专业知识的人对用户进行阅读方面的指导。

建设数字图书馆要将和用户、读者的互动放在重要位置。掌握读者的阅读需求，才能确保图书馆的建设符合市场需要，从而使知识资源的储备更加系统化和完善化。应利用网络的快捷性和便利性，打造图书馆的网络共享资源，从而提高读者的阅读体验。

（3）建设数字化图书馆，不能缺少专业化的人才支持。数字图书馆的建设首先需要储备一定专业人才，如计算机技术人才和专业知识产权人才，这样才能使得图书馆的管理更加现代化，也更具有专业性。信息工具从图书馆的采购开始便起到一定的辅助作用。采购员采购书籍之前，要对读者的阅读需求进行调研和了解，对书的价值也不能仅从专业性质和流行程度判断。图书馆工作者可以通过采购书籍征集表格、网络调查表格等方式了解读者真正需求，使采购更加具有针对性。数字化技术还会对图书馆的信息整理、共享和录入等工作产生积极推动作用。因此，通过数字化技术将数字化图书馆建设的各个环节进行有效串联，是推动高校图书馆发展的技术动力，也是内在要求。

建设数字图书馆不仅是图书馆发展的一个重要里程碑，更是电子化文化传播模式的重要组成部分。数字图书馆的数字化馆藏是一种新技术、新信息的代表，加速信息传播的宽度和广度，发挥了信息的真正价值，也为人们创造力和想象力的发挥创造了条件，对经济和文化的发展产生了积极作用。所以，建设数字图书馆是信息化和网络化社会发展的必然趋势，并形成对文化发展趋势的重要引导。从目前发展形态来看，信息资源共享将是未来数字图书馆建设的一个目标，基于网络安全的前提下，数字图书馆实现共享是必然的。

第三节　传统图书馆与数字图书馆

一、传统图书馆

传统图书馆一直发挥着重要作用，但是，随着社会不断发展，传统图书馆的局限性越来越明显，在现代社会已经不能满足人们的正常需要。可预见的是，在未来的发展中，传统图书馆的建设之路将越走越窄，但是也应该看到，传统图书馆的文化价值是任何形式的图书馆都取代不了的。

（一）传统图书馆的局限

信息化时代有三大代表性的技术获得了突飞猛进的发展：一是网络通信技术，二是数字技术，三是计算机技术。现阶段，人们的社会生活形成的社会管理体制，所采取的社会管理方式因信息化的普及而发生了巨大变化，信息化对人类社会产生了深远的影响。作为信息以及知识的存储中心，图书馆在这个时代也应当居于信息知识搜集以及传播的中心地带，能够对时代的进步产生最直观的反映，也因社会进步面临着新的机遇和挑战。传统图书馆有以下局限。

（1）信息贮量的局限。传统图书馆的馆藏对象主要是纸质的信息和文献，如书籍、报纸、杂志、档案、稿件等。与数字化载体相比，纸质载体显示出其局限性，比如占用空间更大、存储信息量更小、载体的体量更大等。例如，一张CD可以存储字数为50万字的1000本书的内容，如果一个图书馆有500万册的馆藏图书，则这些图书只需5000张CD即可完成录入和贮存，数个文件柜可以存放这5000张CD内，大量节省图书的存储空间。

（2）阅读方式的局限。传统图书馆的服务流程是读者先办理借阅证，然后在开放式的书架上寻找需要的图书及资料,而且读者的借阅会受到时间、空间以及数量方面的限制。但是进入信息化时代后,读者对于信息的需求无论是在数量、及时性、便捷度上都有了更高要求,而传统图书馆则很难满足读者在线阅读和远程服务的需求。

(3)资源利用的局限。传统图书馆分属于不同的管理部门,比如有些属于地方政府,有些属大中专院校,有些属于科研单位,建馆之初的投资方式也各不相同,不同的图书馆之间难以建立起有效的网络进行直接沟通与交流,信息及资源也难以实现共享。有些读者为了查询需要的资料,不得不奔波于多个图书馆之间,甚至是不同省份的图书馆之间,造成时间、精力、金钱的不必要浪费。

(二)传统图书馆的未来发展

传统图书馆有着自身局限性,加之身处信息化时代的读者对于知识以及信息的需求量在不断增加,互联网吸引了大部分年轻读者,传统图书馆慢慢被冷落,出现了日渐萧条的现象。面对这种情况,图书馆从业人员也在不断思考,也有忧虑之情,社会相关部门以及人员对此也给予了关注。

二、数字图书馆

数字图书馆是在传统图书馆基础上发展而来的一种新型信息处理技术,是面对社会的一种公益事业。数字图书馆可被看成是数字化信息资源库,其作用是将数字信息准确、快速以及便捷地传递给用户。数字图书馆并非是实物形态,主要是通过对新型信息资源进行组织和传递参与社会活动,与传统图书馆的关系是传承了实体图书馆的资源组织方式,通过互联网和计算机技术收集和储备信息资源,并通过精准检索和知识分类等方法,将信息资源进行整合、管理和传递,从而方便读者随时随地查阅信息和资料。

(一)数字图书馆现状

一是普遍实现了计算机化的图书馆借阅流通管理服务。以往的图书馆在登记借阅时采用卡片形式，很难从整体上了解图书的借阅情况，若要了解，需要查阅大量登记资料。现在，此工作基本实现了计算机化管理，电脑可以经由条码辨别书籍信息，还能帮助图书馆工作人员快速、高效地查询到所有书籍的借还情况，有利于提高工作者的工作效率，并能为借阅者提供更加快速有效的服务。

二是图书馆基本实现了网络检索的服务。互联网技术的不断推进，图书馆的文献检索网络更为先进和及时，能为读者提供总体的借阅记录，让读者能够快速查找到需要的信息，并让读者对图书馆的所有文献信息有整体认识。

三是图书馆的电子资源发展趋势较好。图书馆的所有文献资源中，电子资源是必不可少的核心部分。各个图书馆都在充实电子资源储量，从现状看，电子资源的利用程度还远远不够，读者的重视程度还有待提高。

四是图书馆的数字化进程还处于刚刚起步阶段。图书馆建设属于公益事业，图书馆是不以营利为目的的一种机构，而图书馆的数字化资金投入则非常庞大。一些经济比较发达的城市，图书馆的现代化建设紧跟时代要求，其数字化发展比较稳定，图书馆也只实现了管理的计算机化，要使图书馆的各项工作都实现计算机化，仍是一项非常艰巨的任务，需要大量资金和技术的投入。

信息时代，海量的信息量每天充斥着人们的日常生活，加上数字技术和网络技术的突飞猛进，人们对有效信息的需求量也日益增长，因此，复合型图书馆将是图书馆发展的趋势，图书馆行业更需要接受新时代的挑战，抓住发展机会，同时在发展中关注以下重要问题。

一是处理好电子信息和纸质信息之间的关系。数字图书馆建设的目的并非是要否认所有传统纸质版的刊物和书籍，而是需要加大力度搜集重要的纸质形式书籍和刊物，同时要加大对电子版书籍、刊物的搜集力度，才能保证纸质信息和电子信息的均衡发展。图书馆不但藏有大量文字信息，也具备齐全的音影资料，为读者提供更加现代化和新型化的阅读服务。

二是处理好虚拟馆藏和实有馆藏之间的关系。实有馆藏是图书馆内实际收藏的书籍、刊物和文献信息以及电子化的资料库、软盘等，是图书馆不得多得和不可复制的宝贵财富。但是，信息化时代，人们对信息量的需求也越来越大，任何一个图书馆的实有藏书都不可能完全满足读者要求，所以需要图书馆加强虚拟馆藏建设，在现代化的技术手段和网络技术手段的推动下，重点加强和各级图书馆的交流沟通，进行信息资源共享和交换，确保满足读者的查询和阅读需求，才能保证读者能够获取到该图书馆所藏书籍刊物的信息，同时能够查阅到其他图书馆中的信息资源，让读者的阅读体验更加美好。

三是处理好丰富馆藏和信息导航之间的关系。图书馆是人们对信息进行收集、传播和存储的一个重要组织机构，图书馆只有不断丰富藏书量，才能满足广大读者的阅读需要，真正实现社会价值。信息化时代，人们每天面对各种信息，信息量的增长速度也非常惊人，达到每年15%～20%。加上网络技术的高速发展，经由网络产生的信息量更是不可估量，如此庞大的信息资源，往往会让人们无法准确快速地搜寻到所需要的信息。若是没有较好地信息获取能力，人们也无法适应信息时代的发展。所以，图书馆在增加馆藏的同时，要给所有的信息都做好分类和归纳，让读者可以通过信息导航，快速检索到所需的信息。

四是处理好硬件和软件建设之间的关系。复合型图书馆作为图书馆的主要发展趋势，较好的硬件条件是其发展的前提条件和基础要求。硬件条件包括系统的服务、舒适的馆舍条件和丰富的藏书等。此外，软件设施的建设，如提升工作人员的专业素质、服务意识和职业技能等，也是必不可少的。总而言之，对工作人员的专业素质和职业技能的培养是图书馆建设的重中之重，将对复合型图书馆的建设产生直接影响，只有同时抓硬件建设和软件建设，才能使得图书馆运转良好，对图书馆的现代化建设起到积极的推动作用。

（二）数字图书馆的应用前景

数字图书馆是在互联网技术发展基础上逐渐建立和成熟的，它成为信息时代最为重要的信息收集、传播和发布者之一，虽然发展时间尚短，产业化和商业化还尚需时日，但是发展前景和强劲势头将是不可逆转的。

其一，数字图书馆将获得越来越广泛地运用。传统图书馆在实际馆藏中的确存在优势，但是我们也不能忽视，传统图书馆容易出现信息检索烦琐、检索不准确、文献容易损坏、馆藏信息无法进行远程传递等问题。与传统图书馆不同的是，数字图书馆的信息量更为庞大，且信息都经过数字化处理，其共享和传递也更为便捷。与此同时，随着知识经济时代的发展，人们对信息的获取也越发重视，数字图书馆通过网络进行传播，能够延伸到社会生活的任何一个地方，有利于信息利用率的提升，让更多高效、快捷和个性化的服务提供给每一个有需要的读者，是传统图书馆所不能比拟的。由此可见，信息时代的发展，数字图书馆将是一个重要的发展方向。

其二，数字图书馆应用领域将会增加并更具深度。数字图书馆的项目研究和工程建设最初主要是由图书馆界、情报界和计算机界合作完成，消耗了巨大的财力、物力，并且主要是由政府和财力雄厚的少数公司投入。所以最初只有在一些高校和少数科研单位享受到研究成果带来的收益，但这些收益是非常有限的。随着信息技术的发展，人们对数字图书馆的认识和了解也越来越深刻，各个专业的学者和各行各业的专业机构参与了数字图书馆的研究，这有利于信息向不同层面、不同领域延伸，并为更多人提供更多专业化的增值服务，使数字图书馆具备向商业化和产业化转换的条件，极大地提高了其经济效益和社会价值。

现在，国际上普遍将数字图书馆作为国家社会基础设施和知识环境进行建设。21世纪的前15年里，特别是在中国，出现了很多数字图书馆，它们大致可以分为三个类：一是特种馆藏型数字图书馆，二是服务主导型数字图书馆，三是商用文献型数字图书馆。影响数字图书馆建设的一些核心问题，例如，如何解决数字化获取的表现技术问题，如何对数字化资源进行规范和设置统一标准，如何做好数字化信息的版权保护和信息安全工作等，也逐渐得到妥善处理。

国内很多传统图书馆已开始向数字图书馆转变，如上海图书馆及清华大学、北京大学和上海交通大学等高校图书馆的数字图书馆已初具规模，且各个数字图书馆均实现了信息共享功能，这样能够为读者提供更加丰富的信息资源，提供更多信息共享服务，对推动国内经济、文化发展有着不可取代的作用。

三、传统图书馆与数字图书馆的共存

数字图书馆与传统图书馆相比更具时代特色，其功能更加完善，馆藏数量、读者方便程度是传统图书馆无法比拟的。尤其在读者方便程度方面，由于数字图书馆依靠高科技和电子技术进行管理，所以读者读取图书信息更为便利，查阅资料更为迅速。数字图书馆较传统图书馆发展前景更好。

一是图书储存方面。传统图书馆馆藏物品都是纸质品：一方面，需要足够空间储藏图书，浪费了空间资源；另一方面，纸质图书不易保存，需要做防潮、防虫、防火处理，费时费力。另外，纸质图书翻阅多次会造成磨损，贵重或者稀有图书

一般情况下普通读者很难看到。数字图书馆以电子形式保存图书和文献资料，将图书和文献制作成电子文件，然后用光盘、U盘、硬盘等形式储存，以图书目录、文字信息、图像、音视频等信息形式进行管理，避免了传统图书馆的弊端，体现出数字图书馆图书储存的优势。

二是图书检索方面。检索方式不同，传统图书馆检索也叫查找，是读者在分类卡片中一张一张地进行查找，既费时又费力，如果需要系列资料，很难全部、正确找到；数字图书馆配备电子检索，只要输入关键词，即可显示出系列图书，读者可以按类别检索，节约许多时间进行阅读。

三是信息传递方面。我们到传统图书馆查阅资料只能到当地图书馆查阅，如果当地图书馆馆藏图书不足，需要到外地图书馆查阅，会花费大量时间和费用；数字图书馆只需要登录相关网站，便可以用鼠标点击查找，其信息传递速度是传统图书馆无法比拟的。

四是资源共享方面。传统图书馆馆藏的书籍只能够借阅给部分读者，如果图书全部借出只能等待有读者归还才可再行借阅；数字图书馆则通过电子设备，将一本书供给无数读者阅读，实现图书文献资料的无限共享。

图书馆的诞生是为了解决当时社会图书资料分散在多个场所，存在无序存放的问题，由国家或者团体将散落各地的图书资料和各种文献集中起来，并有序排放，便于人们查阅。简而言之，图书馆将分散的图书文献集中并有序排放进行存储，然后供人们阅读，提升图书的价值。图书馆从诞生到发展经历了较为漫长的过程。之前的图书馆是员工先行搜集图书文献并手工整理排序、分编目录、制作索引后供读者阅读。后来，由于社会信息需求量与人们掌握的信息量差距扩大，加上电子技术发展突飞猛进，人们逐渐将电子技术应用到图书馆管理中，数字图书馆应运而生。

从以上方面可以看出，图书馆经历了相当长时间的发展才到今天的数字图书馆，这是建设模式的突破，更是社会的进步。现阶段，图书馆的重点是将传统图书馆的优点应用到数字图书馆管理，即利用数字资源配合电子技术进一步优化图书管理理念、技术，创新图书管理方式方法，使读者在知识海洋中吸收充足营养，以满足经济社会对新知识、新理念的不断追求，促进社会不断发展。

传统图书馆的前身是古时候的藏书阁，并不对民众开放，主要功能是收集、分类梳理、排序、保存图书文献，并对其进行管理。成为公共图书馆后，传统图书馆为广大读者提供优雅安宁的阅读环境，尽可能地为读者阅读、查询提供方便。传统图书馆具有以下优点。

（1）传统图书馆是对历史留存下来的文献资料进行搜集、梳理、归类、传播、利用的公益性单位，其主要功能是通过馆藏文献向世人展示历史文化和文明成果。传统图书馆的大量图书文献资料信息资源在为读者提供服务的同时，也可为数字图书馆提供非常重要的信息来源。

（2）传统图书馆不仅可以收藏图书，还有很多种类的文献资料、传世古籍被收藏其中，包括名人字画、传世孤本、作家手迹等。这些重要文献资料既是重要馆藏资料又是文物古籍，散发着浓重的传统文化信息。读者通过与文献资料零距离接触，仿佛置身其中，享受传统文化的熏陶，其乐融融的精神状态和置身其中的体验是数字图书馆无法比拟的。

（3）传统图书馆阅读方式具有随意、方便、老少皆宜的特点，纸质书在人们手捧书本时，就会让人产生一种亲切感。尤其是那些一读再读的书，泛黄的书页和被嚼了无数遍的文字，记载了记忆中相伴成长的内涵，这些都是冰凉的电脑屏幕永远无法取代的。许多图书馆读者长期利用传统图书馆形成了习惯，因而对传统图书馆的依赖性超过对数字图书馆的利用。

当然，传统图书馆存在着缺陷，主要包括需要占用很大的空间存放藏书，藏书数量很难满足读者需求，纸质图书文献不易保存、容易磨损，馆藏资源难以实现共享等。

综上所述，数字图书馆的优势可以弥补传统图书馆的不足。数字图书馆具有以下优点。

（1）馆藏信息占用空间小，图书容易保存。数字图书馆是把所有图书文献资料以数字化形式储存，一个数字化图书馆可以馆藏图书几十亿册，这是传统图书馆的储存量是无法比拟的。传统图书馆馆藏图书资料破损率极高，在读者翻阅过程中容易破损，而数字图书馆因为是电子阅读，不存在破损问题。

（2）馆藏信息查找方便。数字图书馆在信息查找方面优于传统图书馆。用电子设备的电子查询系统，读者只需输入关键词，便会分类出现相关信息资料，省时省力，避免了传统图书馆找书库、检索图书号，然后按照检索号查找图书的问题。

（3）实现信息资源共享。数字图书馆可以查找全世界的图书资料，方便简捷。

传统图书馆需要到当地图书馆查找图书资料，如果该图书馆查找不到，还需要到更远的图书馆查找。相比之下，数字图书馆的优势显而易见。

（4）相同信息可同时供多人使用。数字图书馆因为将信息储存在电子设备里，相同的信息可以提供给无数人使用，提高了信息的利用率。

传统图书馆与数字图书馆都有各自的优缺点，只有正确把握二者的关系，才能使图书馆事业向着服务更好、利用更充分、发挥的作用更大的方向发展。

（1）数字图书馆伴随电子技术快速发展和普遍应用而生，是高科技催生的产物，与传统图书馆是互为依托、相互补充、共同提高的关系。正确理解二者关系，对于促进图书馆事业发展非常重要。

（2）数字图书馆一定程度上将取代传统图书馆是历史发展的必然趋势。新时代，信息化发展到了一个新纪元，信息科技延伸到多个领域，促进数字图书馆快速发展。图书馆也由此发生了变化。宽带网络普及家庭，越来越多的人开始喜欢足不出户就可以购物、订餐、办公、视频会议的生活方式，他们更希望通过上网就可以浏览到更多的图书信息或下载信息资源。而这是传统图书馆无法办到的事情，只有将图书资源数字化，通过互联网将图书数字资源共享，才可以满足广大用户的需求。所以，数字图书馆是今后经济和文化的重要载体和催化剂，是传统图书馆的发展方向和必然趋势。

（3）传统图书馆是数字图书馆的根源。数字图书馆是在传统图书馆基础上发展而来，在发展过程中需要传统图书馆做支撑。数字图书馆的图书，一部分选自出版社提供的电子信息，另一部分早期文献或真迹资料则需要将传统图书馆的相关纸质信息转化成电子信息。数字图书馆需要从传统图书馆获得信息资源，然后结合电子信息优势，将这些信息资源整合、传播并利用。所以，传统图书馆是数字图书馆的根源。

（4）数字图书馆是传统图书馆的传承与优化。数字图书馆依托传统图书馆的信息优势，利用高科技手段进一步优化而发展。传统图书馆丰富的馆藏文献就像营养物质被数字图书馆充分吸收，并被数字图书馆利用高科技手段快速传输给每一位读者，使每一位读者便利地从中吸收需要的营养成分，补充能量，用于社会经济发展。由此说明，数字图书馆是传统图书馆的传承与优化。

（5）数字图书馆与传统图书馆优势互补相互促进。数字图书馆在发展过程中弥补了传统图书馆传播上的先天不足，通过互联网技术实现了传统图书馆无法实现的馆际资源共享。在图书管理方面，数字图书馆通过电子技术进行信息资源储存并快速检索，方便读者查阅。传统图书馆丰富的信息资源为数字图书馆提供了信息支持。从本质上来说，数字图书馆是传统图书馆的升级提高，并没有脱离传统图书馆的本质和目标。数字图书馆通过技术手段，优化了传统图书馆管理模式。所以，数字图书馆与传统图书馆优势互补相互促进。因此，在数字图书馆和传统图书馆的认识方面要树立正确理念，应准确协调处理好二者关系，不但要分清二者区别，而且要认识到它们的内在联系。

数字图书馆并非完全地替代传统图书馆，而是通过优化传统图书馆的管理模式，将互联网技术通过高科技电子设备引用到传统图书馆。二者是相辅相成、优势互补的关系。通过数字图书馆的发展，可以促进传统图书馆的管理模式和应用效果出现质的飞跃，将传统图书馆建设管理提升到更高水平，使其更好地服务社会，服务经济建设。

数字图书馆要实现有效运作，需要借鉴传统图书馆的成功经验；进行合理的信息资源组合、快速准确的信息检索及高效的信息传输，需要众多的技术作支撑。

（1）信息资源的收集。数字图书馆的基础性工作是信息资源的收集。因此，将纸质信息资源收集转化为数字信息，需要集成各类数字化技术实现。

（2）信息的分类。要收集到众多涉及不同领域、不同年代的信息资源并将之与全球共享，提高利用率，需要将收集到的信息分门别类加以整理，为下一步检索打好基础。

（3）信息的储存。数字图书馆以储存量大为优势，对于大量信息储存涉及的技术问题需要认真研究，比如用什么格式文件储存信息、对储存的信息如何压缩等。

（4）信息的归类。应将多类别、多种类和跨越几十个年代的信息资源按照系统化、顺序化进行归类。

（5）信息的检索。对于信息检索快速便捷的要求，要建立持续稳定的互联网络，配备快速有效的信息检索设备。

（6）信息的传输。由于数字图书馆的用户服务功能非常强大，它面临着大量的信息传递问题。因此，要从网络速度方面提升信息传输速度。

（7）信息的安全。数字图书馆资源共享需要面向社会开放且需要网络作为支撑，涉及网络安全至馆藏信息安全问题；从技术上保障信息安全至关重要，因为部分文献可能涉及国家、社会、经济、文化的安全。所以，应该将高科技应用到信息安全领域，通过科技促进信息安全。

数字图书馆的技术手段和管理流程同传统图书馆是一致的，但数字图书馆是依靠高科技实现，而传统图书馆需要手工完成这些流程。比如信息安全，传统图书馆可以实行借阅保密类制度，按照保密等级确定审批人，逐级审批借阅。

所以，数字图书馆的建设应该借鉴传统图书馆的成功经验，学习传统图书馆的信息管理理念，在此基础上加以提升，使传统图书馆的创新理念在数字图书馆得以实现，从而更大程度地提升图书馆在信息产业领域的地位和影响力。

四、传统图书馆的未来发展趋势

由于科技的不断进步，数字图书馆将成为中国图书馆的主流发展方向。由于中国历史悠久且人口众多，部分读者对纸质文献有较大依赖性，许多珍贵文献也是纸质文献，因此，实体图书馆还是会以纸质文献为主，馆藏纸质文献会一直保存下去。为满足人们各种各样的要求与喜好，信息能在各种载体中存储，可是无论哪种载体的馆藏文献，都无法满足所有用户的需求。随着科学的进步、现代化技术手段的推动，数字化资源将日益增多，但数字化资源绝不是唯一的资源，所以作为各种信息和知识资源集散地和读者服务中心的实体，实体图书馆必然会存在。

对于被当作信息资源基地的图书馆而言，其价值是通过各种服务模式展现的。伴随社会的变迁、信息资源传播媒介的改变与用户和读者要求的不断变化，图书馆的服务模式也会不断改变。21世纪初是知识经济与信息经济的蓬勃发展期，对于传统图书馆而言，亟待解决的问题是怎样面对以及顺应新经济所带来前所未有的挑战和机遇。

传统图书馆服务模式的特征是"各自为政"，是使用馆藏以及馆舍直接给读者提供服务，通常是原始化以及单一性的服务手段。下述几个特征能够具体说明。

（1）服务方式被动型。传统的服务模式基本上是以图书馆为中心，等待读者上门，缺乏主动服务的项目内容，读者往往处于次要和被动地位。主要方式是馆内阅览、图书外借、文献复制和参考咨询等。同时，传统的服务工作受到很多限制，如工作机制、设备以及人员的限制，然而一些普通的图书馆还停滞在手工操作时代，服务方式被动和服务意识落后就是读者对它们的整体印象。

（2）服务劳动密集型。主要是指图书馆工作人员对文献的使用和加工。对于对书刊进行采编、加工、入库、管理和流通的工作人员来说，其工作劳动强度大、科技含量低、工作烦琐，主要从事的是重复性劳动。另外，过去通常将图书馆的流通量当作对图书馆进行衡量的标准，忽视了读者借阅的满足率、书刊的使用率还有服务效果与服务项目。

（3）服务对象单纯型。对图书馆而言，日常所面对的读者群都是相对固定的，其进行服务的对象是进馆的读者。所以，公共图书馆、高校图书馆以及专业图书馆均有自己的读者群。因为传统的读者群是由传统的服务模式培养而成的，这致使他们习惯把获取信息的主要渠道和方式仅仅放在各自的图书馆，获得信息的方式和渠道单一，获得信息的质量和数量也非常有限。

（4）文献服务浅层次。传统服务模式以加工、收藏、保存图书、期刊以及其他资料等纸质的文献信息为主，常常提供给读者原始文献服务。

传统图书馆服务模式也在不断变化，人们在工作和生活中对知识的需求越来越多。计算机技术、网络技术以及多媒体技术的普遍使用导致传统图书馆的服务模式不停地遭受冲击，从而使图书馆内涌现出了新的服务模式。数字图书馆从整体着手让其服务模式从劳动密集型朝知识密集型转换，由满足书刊等原始文献要求为主，转换成以知识开发服务为主以及以满足知识信息为主，其重要特征为以下几点。

（1）开放型服务。数字图书馆突破了时空限制，并且充分运用信息技术与网络环境，在信息加工、组织、服务及搜集等方面实行技术改革及服务创新，并创建了开放的服务系统。此外，数字图书馆对信息的显现、传达、处理分别是用读者最易接纳的方式、最快捷的方式，最适合人的思维习惯与思维规律的方式。对于数字图书馆而言，其雏形已经产生。一个图书馆的办馆水平与地位的高低，是由对馆藏资源开发利用以及对虚拟馆藏整合与重组给予使用而出现的价值所决定，以及由信息服务手段是不是多样化、高效化、社会化以及现代化等各种因素所决定，而不会再以规模大小、人员以及馆藏多少作为标准。

（2）服务为主动经营型。面对社会信息的需求，图书馆以用户为中心，用户需要什么就提供什么。只有放弃单个、备用、琐碎以及重复的手工操作，才能脱离传统的服务方式。在服务模式上是由"单纯服务型"向"服务经营型"转变，并将服务推向市场，展开有偿服务，如网上专题信息服务和联机目录查询、联机检索和代复制、代检索和代翻译等。另外，数字图书馆普遍存在提供信息资源的范围与载体的情况，图书馆由文献资源的提供者与收藏者转向信息产品的开发者、传播者与生产者，同时让产业型服务模式转变为生产与经营信息产品为主。

（3）知识密集型服务。信息社会需要信息的深层次加工。图书馆开始从以文献单元的加工，深入到以知识单元为主的信息加工，把文献资源信息化、数字化。图书馆的服务模式转向多层次的信息咨询服务，有更多的工作人员从事信息的采集和组织，在信息服务的每一个环节增加智力投入，产生了新型的图书馆服务人员，被称作"网上信息员""网上导航员""网上冲浪 E 主"等。

传统图书馆在信息时代中作为实际的现代图书馆，需要适应时代要求，继而把握机遇并实行改革，从而完成服务模式的根本性改变。然而，其改变是从"内向型"到"辐射型"，从"公益型"到"产业型"，从"封闭型"到"开放型"，从参考咨询到信息服服务，从"各自为政"到"集中型和联合型"，从被动服务到主动服务。从下面几个方面进行详细论述。

（1）个性化的信息服务发展。个性化信息服务是针对不同的用户要求，提供各种专门的定题跟踪检索服务。这种服务模式重视用户个性需求，对待读者平等，不论亲疏不分厚薄。让所有用户充分享有对使用图书馆的权利，是个性化服务所倡导的。

（2）为图书馆培养新型的服务人才。信息社会对图书馆和图书馆馆员所提出的要求分别是高质量和高水平。另外，在信息服务的工作过程中知识和技术含量加大，图书馆人员在工作方式、工作价值、工作效率和工作成果诸方面将发生质的变化。对专业人才的培养增强显得尤为主要，要提升人员队伍的综合素质。此外，对于工作人员所展开的在职培训与继续教育都需经过各种方式与路径，从而激励他们参与学术研讨活动与学术交流。在图书馆人才队伍建设问题上，需要用战略的眼光看待，并培养一大批综合素质很高的复合型专门人才。

当前人们在建设数字图书馆的过程中，已经感到许多非技术的因素在影响数字图书馆建设的进程，一些专家对进入到完全的数字图书馆时代的前景产生了怀疑，似乎认为这是不可能的事情。而传统图书馆的优势正是数字图书馆的弱势，二者完全可以相互结合，扬长避短。况且，随着数字图书馆建设的步伐，为跟上历史前进的车轮，传统图书馆已经在进行全面的改造。

首先，工作重点正在转变，传统图书馆以采购、编目、典藏、流通、阅览为主要组织结构，为读者提供文献或文献线索，以文献为中心展开图书馆业务及服务工作。目前人们已经认识到，在信息社会，网络技术的发展与普及使传统图书馆的工作方式及读者使用图书馆的方式、要求都发生了巨大的变化。不仅图书馆业务工作实现了高科技手段的应用，服务工作也不再局限于为读者提供文献，而是要根据读者需求，提供大量的、各种载体的、经过筛选与整合的信息资源。

其次，现代信息技术的应用，使图书馆服务手段发生了巨大变化。图书馆的服务方式由单一转向多元，由被动转为主动；检索查询由静态转为动态，由部分转向整体；服务内容由一般的传播知识转向获取与开发信息资源，为读者提供快速高质服务，成为图书馆工作的主要目标之一，通过现代化技术，不受时间地点的限制，运用网络舆情的数字化信息资源，图书馆不仅可以成为一个庞大的信息资源库，而且可以成为一个良好的信息资源的集散地、中转站。

最后，因为图书馆工作中使用了现代技术，工作人员需要重组，当下图书馆工作对工作人员的素质要求更严格、更高。然而，需要工作人员具备外语应用能力、对新技术的应用能力、专业知识能力以及文字表达能力等综合素质，是为了符合图书馆事业发展要求，使其变成一个合格的工作人员。此外，传统图书馆对现有的文献资源及信息资源的使用给数字图书馆提供了信息环境，同时转变了传统图书馆有限的馆藏以及单一的服务方式，从而满足读者对文献信息的高质、快速要求。

当前世界，多数图书馆处于数字文献和纸质文献共存的混合状况，处于"转轨"的摸索中。复合型图书馆是国外图书馆的一种尝试。对于复合图书馆，伯明翰大学的史蒂夫教授提出其是介于纸质资源的传统图书馆和电子资源的虚拟图书馆之间，并不是只包括其中一个，而是将各种信息资源合为一体的图书馆。

对于复合型图书馆，纸质资源数字化是一个重要的工作任务，同时还要注重对纸质文献的搜集和整理。然而，图书馆工作人员位于这样的工作环境中，务必要给予读者各种帮助和引导，这就要求复合型图书馆的工作人员要有更好的专业素养，要同时具备数字图书馆与传统图书馆工作人员的专业技能。

总之，传统图书馆将来的发展趋向是复合型图书馆模式转变。数字图书馆只是传统图书馆由古代、近代发展至现代图书馆历程中的一种尝试，它同时和传统图书馆互相兼容及共存互补，并不是取代和被取代的关系。传统图书馆要紧随时代车轮，加快变革步伐，利用数字图书馆的长处，演绎、拓展以及优化传统图书馆的功能。另外,传统图书馆的奋斗方向及发展趋势是在两者根基上进行的,是互相结合及升华所产生的复合图书馆的建设模式。

通过比较传统图书馆和数字图书馆,人们可以发现,两者是一种相辅相成的关系,性质相同,技术手段不同,导致表现形式也就不同。不可否认,数字图书馆在未来发展将有更加长足的进步,而传统图书馆的发展因其自身时代属性,将会受到极大制约。但是,这两种类型的图书馆在未来仍将同步存在,一起发挥着更大作用。

第四节　中国图书馆的发展呈多维状态

科技不断发展与进步，对图书馆的影响与改变是显著的。当前，国家图书馆发展呈现一个多维状态，各种形式的图书馆都在发挥着重大作用。

一、读者阅读需求呈增长态势

为社会创造出一定价值、满足用户的需要是图书馆存在的价值。图书馆成功的标志是读者在图书馆中可以实现不同需求。自改革开放以来，社会发展和科技进步让劳动者有意识地不断更新自身知识结构，也让读者有了更多的阅读需要。事物的发展需要遵循一定规律，知识和信息成为 21 世纪的代名词。知识驱动正是诞生于知识经济中，读者的阅读需要必将不断增加。

人们通过阅读实现精神上的满足。图书馆为人们提供了学习和看书的场所。自改革开放之来，读者的阅读领域和视野都得到了拓展，无论是国际大事，还是国内时事热点，或者是社会新闻、家庭矛盾、孩子教育、烹饪食材等，都会在阅读中体现出来，图书馆正在变得越来越多元化和动态化。读者日益增长的阅读需求是图书馆可持续发展的动力，满足读者日益增长的阅读需求应是图书馆工作中终极的价值取向。

简单地说，图书馆的宗旨是为读者提供服务。广大读者对知识和信息等需求的不断增长，可以让图书馆得到持续发展。在 21 世纪，广大科研人员和劳动者的需求都在不断变化。图书馆不仅可以传播信息和知识，满足全民的阅读需求，还为科研和教育提供了强有力的后援，在为读者满足阅读需要的同时，还应该积极调研和分析，明确了解读者的阅读需求，跟紧时代步伐，摸清时代脉搏，让读者有更好的阅读积极性，激发他们的阅读兴趣，增长读者的阅读需求。图书馆正是由于读者阅读需求的不断增加才得以发展，图书馆最终要实现的价值和目标是满足读者不断增长的阅读需求。

二、乡镇图书馆与城市社区图书馆发展

站在文化层面，农民的文化水平自改革开放以来有了整体提高，农民对知识和信息的渴望，很好地反映出他们在新时代下的精神风貌。农村知识的传播和文化活动的开展都依赖于乡镇图书馆，而近几年的乡镇图书馆也得到了极大发展。全国范围内已经建成 4 万多个乡镇图书馆，但还远远不够，应继续大力发展乡镇图书馆建设，让农村地区拥有更多的图书馆网点。

我国城市在 20 世纪 90 年代开始兴起各种社区活动，图书馆被提出要为社区居民提供服务，但图书馆的社区服务工作只是处在起步阶段，并没有形成较大影响力，但社区的精神文明建设却在图书馆影响下发挥了作用。社区文化建设已经成为中国城市社区研究的核心内容，而图书馆建设则是社区文化建设中的重要内容，如南京鼓楼社区的"知识工程"领导小组在相关部门协助下，在小区内建立了图书馆，并落实了场馆面积、管理人员和购书费用等一系列工作；在明华新村、傅厚岗和铁路三个小区，图书馆面积都超过了 300 平方米。实践表明，在城市社区建设中，只有关注图书馆的建设工作，才能让社区图书馆发展得更快。

当下，图书馆的主要任务是为城市居民和农村居民提供良好的服务，这样做不仅可以提高民族文化素养，也可以让社会更加团结和稳定。农村居民和城市居民要读书，奠定了 21 世纪中国乡镇图书馆和城市社区图书馆发展的基础。尽管实现基层图书馆网点普及每个乡村和社区还有一个很长的过程，但它提供了乡镇图书馆和城市社区图书馆发展的土壤，它预示着乡镇图书馆和城市社区图书馆具有巨大的发展潜能，随着城乡经济的发展，必将会迎来乡镇图书馆和城市社区图书馆蓬勃发展的春天。

第五节　数字化图书馆的元数据体系

一、元数据的定义及其特点

数字化图书馆的元数据体系是数字化图书馆的基础结构，由外部系统和内部系统组成。两个组成部分是同构关系，使外界数字化信息元数据内容能够映射到数字化图书馆系统，数字化图书馆的馆藏信息也能够转换成网络世界通用的信息格式。

数字化图书馆既有传承处理传统文献的功能，也要承担发展现代信息技术的重要职责。因此，数字化图书馆不但具备传统图书馆的技术，也具备现代化的信息技术，其元数据体系表现出以下3个特征。

（1）元数据是一种编码体系，特别是指根据某种标准对文献中的词及其他元素进行编码，从而揭示、描述文献的基本元素。元数据对数字化信息进行表现和描绘主要是利用框架的方式进行，且通过系统的编码规则进行数字化信息的归集和分类，而数字图书馆则根据这个标准框架体系进行数字化信息的归集、沟通、管理和传送。

（2）元数据是用于描述数字化信息资源，特别是网络信息资源的编码体系，元数据和基于印刷型文献编目体系存在根本区别。

（3）元数据最为重要的特征和功能是为数字化信息资源建立一种机器，该机器可理解框架。

二、数字化图书馆的元数据体系与功能

元数据体系从本质上说，是数字图书馆对信息的一种处理办法，所有元数据

结构和模块构成一个数字化图书馆,因此,元数据体系也是图书馆的构成单位。

数字化图书馆的基础模型和逻辑框架都是由元数据体系组成,因此,元数据体系对数字化图书馆的系统安全、运行方式和功能实现都有直接影响。元数据决定了数字化图书馆的日常运作,直接关系着数字化图书馆的信息检索和存取功能。由此可知,数字化图书馆系统离不开元数据体系,它是整个数字化图书馆的核心部位和控制部位,是数字化图书馆的数据引导地图,方便人们对信息数据进行存储和取用。

元数据在信息检索、发现、归集和管理上都有着举足轻重的作用。发现分布式数据和奠定数据检索基础是元数据最为重要的两个功能。数字化图书馆的基本框架和目标决定了元数据的主要功能。在斯坦福大学建立的数字化图书馆项目里,元数据体系的作用主要体现在以下四个方面:其一是资源自动发现,其二是提问陈述,其三是提问自动翻译,其四是结果分析。至于每一个元数据体系具体承担的作用,需要根据具体的项目决定,但是受数字化图书馆分布性特征影响,元数据体系具备描述、整合、控制和代理4个主要功能。

三、元数据体系的外部系统

数字化图书馆的外部元数据环境形成的元数据体系的外部系统,是由各个独立的、通用的、被予以认可的元数据标准所组成。近年来,网络技术和信息技术的发展势头非常强劲,也为通用元数据体系的建立创造了有利条件,它给人们造成一个假象,即问题的症结不在于没有元数据,而是由于太多的元数据造成了不良竞争。在众多元数据方案中,OCLC 的都柏林核心(Dublin Core)、美国联邦地理图像数据委员会的《数字化地理空间元数据内容标准》(*Content Standard for Digital Geospatial Metadata—CSDGM*)等都已经较为成熟并得到广泛认可。无论是简单结构的都柏林核心还是复杂结构的CSDGM,元数据系统都具有完整结构。元数据的结构模型可以分解成标识、构成方式、句法和规范控制4个部分。

(一)元数据的标识

元数据体系的组成单位是元数据标识,即对数据特点进行描述的各个元素的综合体，也是对数据描述的一个框架结构。一般来说，元数据标识由3个部分构成：一是数据描述部分，这个部分重点是对数据的特点进行描述；二是环境描述部分，这部分重点是对数据的环境特点进行描述，也就是根据既定的格式选择合适的处理软件；三是权利描述部分，这部分的重点是对数据的产权特点进行描述，使得对数据信息的使用合法合规。

元数据标识的构成是指各个元素的排列方式，有一定规定和要求。关于元数据格式，信息网络办公室和英国图书馆将其归纳成3种基本类型。

（1）简单格式。这种结构是专门用于互联网搜索引擎，主要是针对信息的位置特点进行描述。简单格式的元数据主要由非结构化的元数据数据项组成，特别是那种从数字化信息资源中自动析取出来的数据项，这种数据项没有严格的外在语义控制，不支持对子段的检索。其这种格式在使用雅虎（Yahoo）搜索时会有较深的体验。人们进行检索条件的输入后，会出现同一层次的各种检索结果，且不受线性和定长的限制。

（2）结构化格式。这种格式还未成熟，标准还处在一种发展形成过程中，其构成部分主要是一些结构化的数据项，包括必备的数据项，它对数字化信息进行完整描述，创建时间和作者等都属于这一类数据项。这种格式最显著的特点是数据结构严密，具有结构化组织。在检索时，可以通过字段检索的方式进行，用户可以从题目项或者作者项进行检索。

（3）富格式。一种国际标准的数据格式。富结构数据格式最有代表性的是MARC格式。这种格式最显著的特点是信息描述完整，语义规则也更为严格，对字段和格式都有严格要求，以此让人们可以检索到准确无误的信息资料。除此以外，这种元数据格式和前两者格式相比也更为复杂，一般只适用于专业人员，经过专业训练的主业人员才能通过富格式元数据对信息特点进行完整描述。

元数据标识还具有等级结构的特征，具有代表性的是CSDGM标识体系。这是一种复合元素，每个复合元素下又包括了另一层的复合元素，且这层复合元素呈现出等级特点。除此以外，MARC格式也具备这个特点，只有一个等级也可以认为是等级结构，如都柏林元数据体系等。这种等级结构的认定取决于信息本质，元数据标识为了区分复杂的信息结构，形成了等级结构这一显著特点。

（二）元数据的构成方法

元数据有两种不同的构成方法：第一种是分立式，第二种是一体式。分立式是将元数据和数据进行分离，呈两个独立又具有关联性的数据实体。这种将数据系统和数据隔离的形式，具有明显优势，分立式元数据可以有效地代理多媒体信息等大对象数据，用结构化的字符数据取代非结构化和非字符化的信息。例如用文字描绘图像特征，并形成结构化的元数据类型，可进行检索使用，这种转化减少了内存，能够提高网速。其中，"中国期刊网专题全文数据库"是这种数据的一种直观模型，所有文献资料都通过扫描的方式进行图片存储，用户通过元数据类型进行搜索，即可获取相关信息，并下载和浏览全文文件。

通过 MARC 格式存储的数目数据，也是一种分立式数据模型。分立式数据系统是缩小元数据长度的一种形式，适用于信息收集整理单位。一体式是将元数据和数据实体融合成为整体数据的过程。这种结构的优势是创建者可自行建立元数据，方便读者获取搜索引擎和数字化网络图书馆等有效信息，是分布式信息存储和交换特性在互联网上发展的结果。互联网的开放共享性使得数字信息化的组织和利用变得复杂，而立体化元数据是提供给创作者自行搜索的一个有效途径。

（三）元数据的语法规则

元数据的语法规则限定了元素据表达信息的方式，同时还规定了元数据语法核心和互联网结合的规则，也就是在互联网语言中表述元数据。元数据系统结合通用标记语言的方法有以下两个。

（1）将元数据具体描述成通用标准标记语言（SGML）的文献类型定义（DTD）。

（2）将元数据映射到标记语言，如 HTML 标记中。在都柏林核心建立初期，人们已经认识到元数据语法的重要性，1996 年英国华威大学召开第二次都柏林核心工作组会议的主题，是讨论都柏林核心的语法问题。华威框架（Warwick Framework）是 OCLC 华威工作组建立的，在元数据语法运用上，使得元数据表达的方式能够用通用标记语言，特别是 HTMI2.0 实现。CSGDM 定义了一个 SGML 的 DTD，并拥有专属的严格表达。HTML 则扩大了元数据空间，促进其规范化发展；HTML4.0 版本在 META 标记上规范度更高，促进元数据更具规范性。

元数据语法发展的重要标志之一，是万维网联盟提出的资源描述框架（RDF）。这是一种对结构性元数据进行编码、交换和重组的过程。RDF 是 XML（扩展标记语言）的一种应用。XML 受到结构性约束，通过结构性表达和传递语义，使在 XML 上对资源的描述更具有规范性和明确性。

（四）元数据的规范控制法

元数据的规范控制法，事实上是指元数据系统句法是元数据规范化的一个组成方面，因为元数据在各种标识上的取值需要规范化。赋值的规范化控制，实际上是通过确定的规范方式对元数据进行取值的过程，以此保障检索和标引的公共性。规范化方法主要通过枚举取值范围实现。词表和值是元数据规范化的重要组成部分，词表的规范就是规则制定的标准。元数据主要是通过词表和值进行规范化控制，在引入词表后，将以词表的规则进行规范。

元数据随着时代发展，越来越区域规范化和标准化。在互联网时代，特别是万维网的发展，具有标准化的元数据规则已经被人们认可和重视。RDF 建立了可供人类和机器共同识别的元数据词汇，并通过这些词汇的设计引导信息团体利用元数据进行扩展。RDF 在结构性约束的结构上提供了元数据的编码和互换功能的实现，促进了元数据在不同资源团体中的互换。RDF 为元数据提供了规范化的框架结构。国际标准化组织建立了元数据工作小组，探讨元数据全球化标准的制定，形成元数据的国际标准。

国际标准化组织的介入，将大大推动元数据标准化的进程。随着元数据系统的发展，各种元数据系统之间的相互转换关系和方法将建设成为规范数字化信息，保障数字化图书馆功能实现的重要条件。元数据系统的注册登记制度、相应的技术实现手段和相应标准已引起人们的广泛重视。

四、元数据体系的内部结构

元数据体系的内部结构是数字化图书馆系统对元数据的处理方法和结构系统的统称，也可称为数字化图书馆的元数据管理系统，是数字化图书馆系统的核心部分，也是保障数字化图书馆系统正常运转的基础。元数据的内、外部具有相同结构，在管理系统上已经制定了数字化图书馆的整体框架，数字化图书馆的结构是由元数据管理系统地位决定。

数字化图书馆是互联网的产物，其基本结构是服务器结构。事实上，数字化图书馆是一种数据服务项目，可以将用户段的浏览器看作是系统的客户端，通过标准协议进行数据传输，这是数字化图书馆的桥梁作用。不论数字化图书馆的数据存储结构是什么类型，元数据系统的存取数据都有一套逻辑框架，相当于交换机功能，负责数据存储控制。

元数据管理系统的组织结构及其实现方法取决于数字化图书馆系统的基本目标和体系结构。如斯坦福大学数字化图书馆是一种分布式的、异类连接的、基于代理的数字化图书馆系统，它的元数据管理系统由四部分组成：属性模型代理（attribute model proxies）、属性模型转换器（attribute model translators）、查询代理的元数据摘要（metadata facilities for search proxies）和元数据仓库(metadata repositories)。在这里，数字化信息资源首先被分成属性和属性的值两部分，属性的集合被称为属性模型。

US2MARC 就是一种属性模型。属性模型代理就是基于某种属性模型基础上的数据集，是一种由属性定义的信息集合。由于斯坦福大学数字化图书馆是一种分布式的、异类连接的、基于代理的数字化图书馆系统，这就需要属性模型转换器将各种不同的属性及其属性值相互翻译、转换。查询代理的元数据摘要则同时结构化地描述查询代理所提供可存取的数据集以及查询代理所能够提供的查询能力。如通过查询代理元数据摘要可以了解某一个查询值在数据集的某一属性中出现多少次等信息，而不是获得信息本身，这样可以帮助查询者进一步修正检索策略。它还能向查询者提供某个属性可以接受的检索方式，如是否接受关键词查询等。而元数据库则存储了其他三个部分的信息，它可以从其他三个部分获得元数据信息，也允许其他三个部分直接向一个或多个元数据库提交元数据信息，这样就形成了一个本地的元数据仓库。

元数据库存储的数据还包括三个部分的信息，既可以允许其他三个部分信息直接获取元数据的信息，又可以随时从其他三个部分信息中调用所需信息，是本地化的元数据集合。

数字化图书馆元数据管理系统的纽带作用是其基本结构导向。在与外界信息沟通和交换信息时，元数据内部系统和外部系统要处于同构状态，本质上是把外部的元数据系统通过一定的方式映射到内部系统中的方法。为了建立同构关系，元数据管理系统的结构被分为 6 个组成部分。

（1）基准元数据系统。它是数字化图书馆标准的元数据系统，其具有以下作用。

①基准元数据系统是系统的基准元数据，是识别系统中相关信息资源及其特性，并将其串联可检索的系统过程。数字化图书馆的数据存储方式并不影响基准元数据系统对数据存取的控制。

②基准元数据会对查询信息进行提问，并按照系统认可的标准形式进行规范化处理。

③基准元数据最终将通过数字化信息的形式在互联网中进行传递，通过客户端和网络搜索、图书馆管理系统的形式展现在客户面前。

数字化图书馆系统的基准元数据结构非常复杂，可以根据不同的参照标准将其分为不同的数据类型，主要有结构型元数据（structural metadata）、知识描述型元数据（intellectual metadota）和存取控制型元数据（access control metadata）3 种形式。

知识描述型元数据的作用是对数字化信息对象进行描述、发现和鉴别，如 MARC、都柏林核心等，对数字化信息资源的主题、内容和特性进行描述。结构型元数据主要对数字化信息资源的内部构造进行描述。和知识描述型元数据相比，后者更加注重数字化信息的内在形式和特征，在目录、章节、段落等特征上描述较多。存取控制型元数据主要对数字化信息资源的条件和限制进行描述，并制定这些资源的使用权限和知识产权权限。这 3 种类型元数据的划分，得到了数字化图书馆界的普遍认可，美国国会图书馆的数字化图书馆计划和密歇根大学的数字化图书馆项目就是利用这个分类方式。除此之外，评价型元数据也是另一种分类模型，主要是对数字化信息的评价方面进行描述和管理。

（2）元数据字典。一种通过不同的元数据系统和基准元数据系统之间的互换功能实现，能够反应元数据的基本特点，建立元数据和基准元数据之间的关系。它的作用主要是提供系统转换模块的转换依据。不同的数字化图书馆系统的元数据字典在结构上具有差异，但是一般包括元数据名称、子标识数据集、元数据标识名称、规范控制表、对应基准元数据标识、系统标识指示键等重要部分。其中，用于表述元数据字典的唯一标识，是指示键，和元数据的记录具有一一对应关系。

基准元数据系统和元数据字典是一种一对多的关系。

（3）数据属性集。元数据的数据属性集指在数字化图书馆存储的所有数据属性的集合。一方面，它属于系统数字字典，负责记录系统数据的特性，并对数字化图书馆的结构进行描述，具体形式为表名、字段名、字段类型、长度和索引等；另一方面，它和基准元数据体系具有对应关系，所有数据都有与之匹配对应的基准元数据，这种对应关系使得元数据体系具有可控制性，能够完成系统数据物理存储的代理工作。

数字化图书馆的数据结构没有必要和基准元数据保持相同。例如，基准元数据系统采用都柏林核心时，数据结构可以选择 MARC 类型，元数据管理系统利用数据属性集参考和对照数字化图书馆的数据结构和基准元数据，以此保证两个数据之间互换具有可操作性。

（4）数字化信息源特征集。数字化图书馆的信息查询工作需要调动不同地方的互联网技术链接数据信息源。此时，数字化信息的特性尤为重要，特别是基准元数据的属性。元数据系统中包含数字化信息源特征集，描述对象是信息源，也就是信息集合，而非单独的详细信息。数字化图书馆系统通过信息源特征集可以知道所调用的信息源的元数据体系类型，并利用基准元数据的表达方式转换成不同的信息源能够表达的元数据，通过这种方式找到不同信息源检索的方法和结构原理。

（5）转换模块。上面讲述的 4 个部分是数字化图书馆元数据管理系统静态参照表，是元数据管理系统中各种关系的映射，而元数据管理系统的转换模块是帮助实现各种不同元数据之间转换的工具。转换模块完成不同元数据之间的转换和翻译工作。和静态参照表相比，转换模块属于动态的展示结构，是在静态基础上形成的一种特殊程序。

（6）维护模块。数字化图书馆元数据管理系统在转换过程中的一种管理方式。维护模块能够实现系统内部的增加、修改、删除等动态管理工作，以此保障元数据管理系统的扩展性和可维护性。

尽管元数据内部结构在实际运用中会以不同的形态出现，但是这 6 个元数据管理系统基础的功能结构是数字化图书馆系统对元数据处理的保障。

参考文献

一、著作类

[1] 王宁，吕新红，哈森. 图书馆管理与阅读服务 [M]. 北京：光明日报出版社，2017.

[2] 吴慰慈. 图书馆学基础 [M]. 2版. 北京：高等教育出版社，2017.

[3] 于瑛. 现代图书馆管理体系研究 [M]. 哈尔滨：东北林业大学出版社，2016.

[4] 赵大志. 地方文献建设研究 [M]. 成都：西南交通大学出版社，2012.

二、期刊类

[1] 曾建勋. 图书馆类型的再思考 [J]. 数字图书馆论坛，2017(4)：1.

[2] 陈汝楳. 我国地方性公共图书馆法规中有关地方文献条款内容分析与启示 [J]. 图书馆理论与实践，2019(4)：28-33.

[3] 邓福泉，杨宏. 地方文献统一分类研究 [J]. 图书馆理论与实践，2016(1)：68-70.

[4] 邓杰明. 浅谈公共图书馆法治化建设 [J]. 图书馆工作与研究，2019(3)：62-66.

[5] 方文. 我国高校图书馆发展趋势探析：评《新形势下高校图书馆的发展与创新研究》[J]. 中国出版，2017(23)：76.

[6] 郭亚. 浅谈公共图书馆地方文献的收集工作 [J]. 中文信息，2017(11)：47.

[7] 韩继章. 加强图书馆法制建设，告别"低谷"[J]. 高校图书馆工作，2018，38(2)：91-92.

[8] 韩宪英. 对新时期高校图书馆发展建设的思考[J]. 图书馆工作与研究, 2018(2): 110-112.

[9] 何光伦, 王嘉陵. 现代视野下省级图书馆职能演变及定位[J]. 中国图书馆学报, 2019, 45(2): 57-71.

[10] 黄涛, 李珏, 张浩, 等. 地方志文献的可视化技术与方法研究[J]. 新世纪图书馆, 2019(3): 64-71.

[11] 李品庆. 从地方性图书馆法规看我国公共图书馆事业的发展趋势: 以《广州市公共图书馆条例》为例[J]. 图书馆, 2015(10): 23-26.

[12] 李雅洁. 服务于移动数字图书馆界面设计的数字图书馆使用调查研究[J]. 图书馆, 2018(10): 29-37, 44.

[13] 梁娜. 信息时代图书馆文献采编发展中的困境及对策[J]. 卷宗, 2019, 9(5): 129.

[14] 梁培娜. 典藏在图书馆图书管理中的作用探讨[J]. 出版广角, 2013(19): 98-99.

[15] 林海青. 数字化图书馆的元数据体系[J]. 中国图书馆学报, 2000, 26(4): 59-64, 69.

[16] 刘海燕. 宁夏地区图书馆地方文献编目工作问题与对策[J]. 内蒙古科技与经济, 2016(19): 136-137.

[17] 刘海燕. 信息化环境下的高校图书管理工作探讨[J]. 卷宗, 2017(22): 34-34.

[18] 罗明. 公共图书馆如何开展地方文献研究[J]. 芒种, 2018(12): 20-21.

[19] 罗平川. 浅谈全媒体时代区县级图书馆的服务与创新[J]. 文化创新比较研究, 2018, 2(22): 57, 61.

[20] 潘琼. 信息化背景下图书馆服务模式创新发展分析[J]. 南方农机, 2019, 50(8): 93, 114.

[21] 王毛舍. 提高职校图书馆文化服务价值的若干探讨[J]. 卷宗, 2016, 6(12): 78.

[22] 王敏, 王银, 黄建军. 现代数字图书馆发展概述[J]. 经济研究导刊, 2019(1): 150-151.

[23] 王平, 王雨潇. 中国近代图书馆事业的社会起源[J]. 图书馆论坛, 2018, 38(8): 68-76, 16.

[24] 王淑美. 浅议公共图书馆馆员队伍建设: 以朔州市公共图书馆为例[J]. 中文信息, 2018(7): 66.

[25] 王业荣, 江敏. 浅谈图书馆地方文献的收集与开发利用[J]. 卷宗, 2018(12): 16.

[26] 王奕, 卢章平, 刘玉梅. "互联网+"环境下图书馆职业能力特点对图书馆社会职能的拓展[J]. 图书馆, 2017(5): 27-31.

[27] 王兆辉, 闫峰. 民国文献视野下国立北平图书馆的文献典藏初探[J]. 高校图书馆工作, 2016(4): 36-41.

[28] 王振威. 综合档案馆开展地方文献收集工作的思考[J]. 北京档案, 2018(9): 23-25.

[29] 吴子龙. 图书馆免费开放下的网络信息技术[J]. 青年时代, 2017(21): 255-256.

[30] 姚慧君, 刘玉婷. 基于数字环境下文献信息服务应用模式研究[J]. 兰台世界, 2015(20): 38-39.

[31] 叶勇期. 湖州书库: 中国地方文献的典藏范例[J]. 文化交流, 2012(4): 42-44.

[32] 张成亮. 省级科技文献共享服务平台科技信息服务调查分析[J]. 图书馆理论与实践, 2017(2): 83-87.

[33] 张承宏. 《中图法》第5版分类标引地方文献的应用分析[J]. 图书馆理论与实践, 2014(1): 45-47.

[34] 张惠. 地方文献工作新思考[J]. 四川图书馆学报, 2017(6): 14-17.

[35] 张垒. 我国图书馆学科建设与图书馆事业互动发展研究[J]. 图书馆建设, 2018(9): 13-17, 26.

[36] 张宁. 地方文献的收集整理[J]. 科技资讯, 2016, 14(27): 158-159.

[37] 张荣. 网络信息化环境下的图书馆文献信息资源管理[J]. 晋中学院学报, 2017, 34(2): 103-105.

[38] 张炜. 浅谈洛阳地方文献的收集与整理[J]. 兰台世界, 2014(14): 64-65.

[39] 张晓芳. 公共图书馆概念的法律界定及其特点分析[J]. 图书馆,

2018(1):2-5.

[40] 张一. 网络环境下我国图书馆口述文献资源库建设调研与分析[J]. 图书馆工作与研究, 2017(12):54-61.

[41] 朱吉松. 浅析高校图书管理信息化建设现状及优化路径[J]. 山西青年, 2018(12):118-119.

[42] 邹爱芳. 对大型地方文献丛书整理出版热潮的思考[J]. 大学图书馆学报, 2018, 36(4):97-103.